CB076926

★ ★
LUTE
★ ★

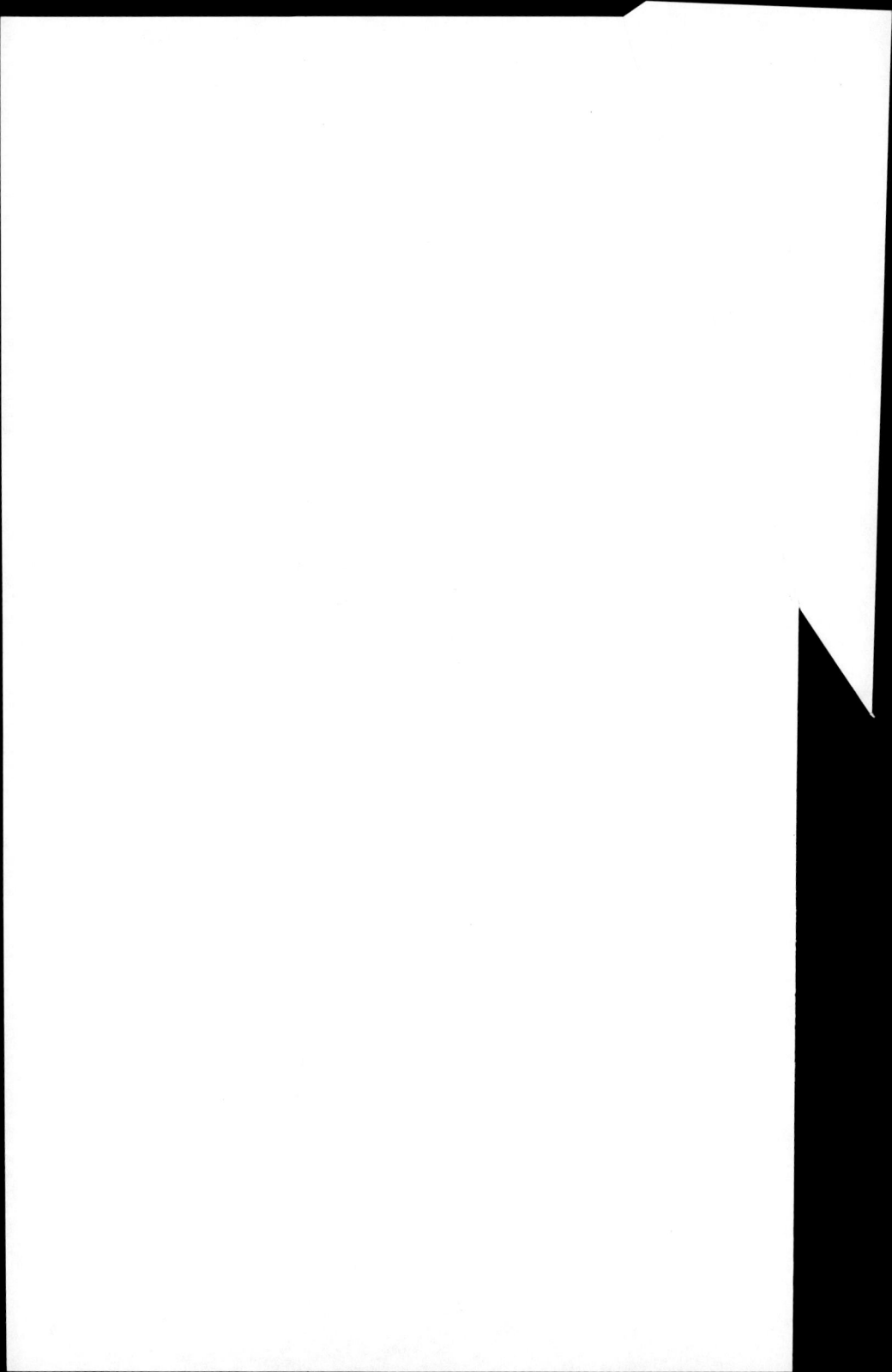

CRAIG GROESCHEL

LUTE

**VENÇA AS BATALHAS QUE
REALMENTE IMPORTAM**

Vida

Editora Vida
Rua Conde de Sarzedas, 246 – Liberdade
CEP 01512-070 – São Paulo, SP
Tel.: 0 xx 11 2618 7000
atendimento@editoravida.com.br
www.editoravida.com.br

Editor responsável: Marcelo Smargiasse
Editor assistente: Gisele Romão da Cruz
Tradução: Lucy Yamakami
Revisão de tradução: Andrea Filatro
Revisão de provas: Sônia Freire Lula Almeida
Projeto gráfico: Claudia Fatel Lino
Capa: Arte Peniel

© 2013, Craig Groeschel
Originalmente publicado nos EUA com o título
Fight: Winning the Battles That Matter Most
Copyright da edição brasileira © 2015, Editora Vida
Edição publicada com permissão contratual
de Zondervan (Grand Rapids, Michigan, EUA).

■

Todos os direitos desta tradução em língua
portuguesa reservados por Editora Vida.

PROIBIDA A REPRODUÇÃO POR QUAISQUER MEIOS,
SALVO EM BREVES CITAÇÕES, COM INDICAÇÃO DA FONTE.

■

Scripture quotations taken from *Bíblia Sagrada,*
Nova Versão Internacional, NVI®.
Copyright © 1993, 2000 by International Bible
Society®. Used by permission IBS-STL U.S.
All rights reserved worldwide.
Edição publicada por Editora Vida,
salvo indicação em contrário.

Todas as citações bíblicas e de terceiros foram
adaptadas segundo o Acordo Ortográfico da
Língua Portuguesa, assinado em 1990,
em vigor desde janeiro de 2009.

1. edição: jul. 2015
1ª reimp.: nov. 2020

Dados Internacionais de Catalogação na Publicação (CIP)
(Câmara Brasileira do Livro, SP, Brasil)

Groeschel, Craig
    Lute : vença as batalhas que realmente importam / Craig Groeschel ;
[tradução Lucy Yamakami]. — São Paulo : Editora Vida, 2015.

    Título original: *Fight: Winning the Battles That Matter Most.*
    ISBN 978-85-383-0316-9

    1. Homens cristãos - Vida religiosa I. Título.

14-13317   CDD-248.842

Índice para catálogo sistemático:
1. Homens : Vida cristã   248.842

★ ★ ★ ★ ★

Sumário

Agradecimentos 7

SEÇÃO 1
LUTE COMO HOMEM

1★1 Lute como homem 11
1★2 Em busca de um herói 14
1★3 Seja "o cara" 17
1★4 Nós somos os guerreiros 20
1★5 Beijando o chão do matadouro 23
1★6 Escolha as suas batalhas 27
1★7 Clube da luta 31

SEÇÃO 2
HOMENS FORTES COM VONTADE FRACA

2★1 Homens fortes com vontade fraca 35
2★2 Superpoderes 38
2★3 Tipos de criptonita 42
2★4 Cobiça errante 45
2★5 Desafie o leão 51
2★6 Orgulho, não preconceito 55
2★7 O fraco é o novo forte 61

SEÇÃO 3
CONDUZIDOS PELO ESPÍRITO, NÃO ARRASTADOS PELAS EMOÇÕES

3★1 Conduzidos pelo Espírito, não arrastados pelas emoções 67
3★2 Atirar primeiro 69
3★3 Resolva esta charada 72
3★4 Administração da ira 75
3★5 Brandindo queixadas 80
3★6 Afogados no desespero 83
3★7 Tudo em torno de mim 87

SEÇÃO 4
PEQUENOS PASSOS, GRANDE DESTRUIÇÃO

4★1 Pequenos passos, grande destruição 95
4★2 Um dia 98
4★3 Passo a passo 102
4★4 Não zombe do inimigo 105
4★5 Alô, Dalila! 109
4★6 O custo oculto 114
4★7 Armas de guerra 118

SEÇÃO 5
CAIA PARA A FRENTE

5★1 Caia para a frente 125
5★2 O ponto cego 128
5★3 O custo crescente do remorso 132
5★4 Afaste-se, e só 136
5★5 Atração textual 139
5★6 Conversa sobre colunas 144
5★7 A oração do guerreiro 148

★ ★ ★ ★ ★

Agradecimentos

Agradeço a todos os meus amigos pela ajuda neste livro. Sem todos vocês, ele nem chegaria perto do que é.
Sou especialmente grato a:

Dudley Delffs: Você é um guerreiro com palavras. Obrigado por me dar respaldo. Sempre tive seu apoio.

Tom Dean, Tracy Danz, Brian Phipps, John Raymond e toda equipe da Zondervan: Tenho a honra de trabalhar com todos vocês.

Brannon Golden: Você é o ninja da edição.

Tom Winters: Obrigado por "lutar" pelo livro dos homens.

Lori Tapp: Obrigado por ser a *rock star* local.

Pastor Steven Furtick, Brandon Donaldson, Adrianne Manning: Agradeço os *feedbacks* e as sugestões valiosas. Vocês fizeram toda diferença.

Catie, Mandy, Anna, Sam, Stephen, Joy: Nenhum pai é mais orgulhoso dos filhos do que eu!

Amy: Você é o amor da minha vida. Vamos envelhecer juntos.

SEÇÃO 1

LUTE COMO HOMEM

★ ★ ★ ★ ★

Não é o tamanho do cachorro na briga,
mas o tamanho da briga no cachorro.

Mark Twain

1.1
Lute como homem

Aprendi a lutar no segundo ano do ensino fundamental. Certo dia, voltava da escola para casa, preocupado com as coisas próprias dos garotos da minha idade. De repente, Bo Talbot, um menino do terceiro ano muito maior que eu, surgiu diante de mim, postando-se bem no meu caminho. Bo era só um ano mais velho, mas eu juraria que os pais o tinham deixado alguns anos longe da escola para ser forjado por treinadores do UFC, pugilistas que lhe deram lanches com esteroides entre as sessões de levantamento de peso.

Bo agarrou a minha camisa com uma das mãos e fechou a outra, que parecia ter o tamanho de uma bola de demolição. Com dentes serrados, rosnou:

— Groeschel, você é *gay*?

Era 1975 e eu só tinha 8 anos, de modo que para mim não estava muito claro o que significava ser *gay*. Depois de voar à procura da resposta, a minha mente pousou numa regra perpétua da minha mãe: Sempre fale a verdade. Olhando de esguelha para ele, preparando-me para o impacto meteórico de seu punho, gaguejei:

— E-e-eu não sei. Po-posso responder amanhã?

A verdade pode ser uma arma incrível. Bo foi surpreendido pela minha tática protelatória. Ele titubeou alguns segundos, congelado como a estátua de um guerreiro grego desconfiado. Depois de um silêncio constrangedor, ele me largou, dizendo:

— Ok, mas é *bom* você responder amanhã. — Ele saiu andando, e a crise foi temporariamente suspensa.

Uau! Mamãe estava certa. Sempre fale a verdade. Tremendo, corri para casa e a encontrei socando as minhas meias sujas na máquina de lavar. Com o meu futuro na corda bamba, deixei escapar a minha grande questão, sem revelar a experiência de quase morte. Como se não quisesse nada, perguntei:

— Mãe, o que é *gay*?

Ela hesitou — do mesmo jeito que hesitei recentemente quando a minha filha de 8 anos me perguntou como ela havia entrado na barriga da mãe antes de nascer. A hesitação da minha mãe devia ter acionado um sinal vermelho para mim, mas acho que o tamanho da minha aflição me fez ignorá-lo por completo.

— Querido — ela falou com segurança tranquilizadora —, *gay* significa apenas "feliz".

E naquele momento mamãe quebrou a própria regra e detonou o recorde perfeito dela.

Ufa. Então gay *significa feliz.* Aquilo fazia sentido para o meu cérebro de segundo ano, apesar de me parecer estranho que um valentão quisesse saber a respeito da minha felicidade.

No dia seguinte, depois da aula, Bo me encurralou de novo. Como um ator que reassume seu lugar no palco, ele veio para cima de mim, de punho cerrado e usando o colarinho da minha camisa como alça. Então fez a fatídica pergunta, alongando as palavras para fins dramáticos:

— Craig, você... é... *gay*?

Abri um sorriso largo, orgulhoso de saber a resposta.

— Claro que sou. *Gay* a vida inteira. Sou o menino mais *gay* que você já viu!

Não me lembro muito bem do que aconteceu depois daquilo. Lembro-me de um som estridente e de um gosto metálico na boca, o sabor característico de sangue. Então entendi por que as personagens de desenho animado que levam um soco veem estrelas e, às vezes, passarinhos. A surra de Bo me fez vislumbrar de maneira viva o mundo dos desenhos.

Um lado inteiro do meu rosto ficou inchado como um melão. A minha cabeça pesava o dobro do resto do corpo. Quando os meus olhos lacrimejantes desanuviaram, eu piscava sob a sombra de Bo, com seu esqueleto avantajado feito uma coluna diante de mim. Ele prometeu que haveria muitas outras surras, todos os dias, depois da aula, pelo resto da minha vida. Então foi embora.

Naquele momento, não me senti muito *gay*, de jeito nenhum.

Quando a tontura passou um pouco e consegui ficar de pé, fui cambaleando para casa, envergonhado. A minha primeiríssima luta, e eu nem cheguei a acertar um soco. Ser esmurrado já era ruim. Ser esmurrado por ser feliz era infinitamente pior.

1.2
Em busca de um herói

Adoramos torcer pelo azarão. Adoramos ver o bem triunfar sobre o mal e a coragem derrotar a covardia. Adoramos ver a justiça prevalecer e a injustiça ser punida. E adoramos o herói que se recusa a desistir da luta, a despeito da possibilidade nula de vitória.

Hoje mesmo estamos sedentos de heróis. Já não ficamos surpresos quando pessoas que admirávamos e respeitávamos — governantes eleitos, atletas de renome, pastores brilhantes — atolam-se num escândalo sexual, num esquema de peculato ou numa detenção por abuso doméstico. Estamos quase acostumados, até esperando, que os líderes admirados e as celebridades favoritas estejam escondendo alguma coisa. A maioria está. Ou não?

A nossa esperança é que eles enfrentem sacrifícios, corram riscos e tomem decisões difíceis para fazer o que é certo, mas não ficamos surpresos quando isso não acontece. Carecemos de heróis reais, e Hollywood preenche a lacuna com uma profusão de super-heróis — Homem de Ferro, Batman, Thor e Homem-Aranha, Os Vingadores e X-Men —, ofuscando-nos com seus poderes em 3D no Blu-ray. Contudo, ainda ansiamos por alguém que nos mostre como é um autêntico herói de carne e osso.

Para onde foram todos os homens bons?

Li recentemente um livro que afirma que a nossa cultura tenta transformar os homens bons em mulheres — mais amáveis, mais delicados, mais gentis, mais misericordiosos e mais cuidadosos com a aparência. Desculpem se afirmo o óbvio, mas homens não são mulheres. (Registre-se que as mulheres também não se constituem homens bons.) Afinal, Deus nos criou diferentes. "Criou Deus o homem à sua imagem, à imagem de Deus o criou; homem e mulher os criou" (Gênesis 1.27). Homens e mulheres refletem a imagem de Deus, mas de maneiras distintas.

Estou convicto de que uma das maneiras mais profundas diz respeito ao uso que fazemos da nossa masculinidade. Deus criou os homens para terem um coração de guerreiro, colocando dentro de nós o desejo de nos apresentar para lutar em favor do que é puro, do que é verdadeiro. O homem tem coração de guerreiro. Você tem um coração de guerreiro. Você tem fome de luta. Isso é desígnio de Deus, não nosso. No entanto, não significa que os homens devem ser babacas valentões e agressivos. (Também não quer dizer que as mulheres não podem lutar pelo que é certo.) Significa simplesmente que Deus plantou, dentro de cada homem, um desejo divino de lutar pela justiça.

Pense nisso da seguinte maneira. Há dois tipos de filmes: os água com açúcar e, bem, todos os outros. Será que os água com açúcar inspiram os homens? Você se lembra daquele filme com Cary Grant, *Tarde demais para esquecer*? Lembra-se de quando a personagem de Deborah Kerr diz: "Se você pode pintar, eu posso andar — tudo pode acontecer, não pode?". Você conhece algum homem que *viu* esse filme? Se você é homem, nem sabe do que estou falando. Ou sabe?

E o que você me diz de *Orgulho e preconceito*, quando a personagem de Keira Knightley diz ao novo marido: "Você só pode me chamar de sra. Darcy quando estiver completa, perfeita e incandescentemente feliz". E ele responde: "Então, como vai esta noite..., sra. Darcy?" e a beija na testa. E então, "sra. Darcy", beijando-a na face. E então, "sra. Darcy", beijando-a no nariz. De novo, se você é homem, não faz ideia do que estou falando. Certo? Ou, se sabe, está fazendo de tudo para esquecer.

O que dizer de *Coração valente*? Mel Gibson, com o rosto azul, diz: "Lutem, e vocês podem morrer. Fujam, e viverão. Pelo menos por algum tempo. E, morrendo na cama, daqui muitos anos, não desejarão trocar *todos* os dias da sua vida, desde hoje até então, por uma chance — uma única chance — de voltar aqui e dizer aos nossos inimigos que eles podem tomar a nossa vida [levantando a espada acima da cabeça], mas jamais tomarão a *nossa liberdade*?".

Você se lembra do *Gladiador*? Russell Crowe, num vistoso uniforme de general romano, espicaçando seu cavalo floresta adentro e conclamando: "Irmãos, o que fazemos na vida ecoa na eternidade!".

Para os homens, há uma parte dentro de nós que pensa: *Como eu queria estar lá. Eu teria entrado na luta.* Você não precisa esconder isso de mim. Uma parte de mim também pensa assim. Sabe por quê? Porque fomos feitos desse jeito. Espera-se que os homens reajam assim. Um homem que não tem nada por que lutar logo se torna um frustrado, muitas vezes sem ter ideia da razão de sentir-se assim.

Lutar pelo que é certo revolve alguma coisa dentro do homem. Faz que ele queira ser não só *um* homem, mas *o* homem. O *melhor* homem que consegue ser. Bem no íntimo, o homem sabe o que Deus quer que ele seja: um herói com coração guerreiro.

1.3
Seja "o cara"

Poucos meses depois que Amy e eu nos casamos, despontou em sua mente algo em que ela nunca havia pensado: tinha se casado com *um homem*. O meu jeito de fazer as coisas é muito diferente do das mulheres. Estávamos casados havia quatro anos quando aquilo finalmente chegou ao ponto de supuração. Tínhamos acabado de comprar a nossa máquina lava-louça e, certo dia, fiz a bobagem de tentar enchê-la sozinho. Eu *achava* que estava ajudando, mas não tinha percebido que havia um jeito certo de encher uma lava-louça e, aparentemente, um jeito *errado*. Eu pensava: é só pôr tudo lá dentro, ligar e pronto.

Quando Amy viu a minha tentativa de ser prestativo, disse ofegante:

— Craig! Você fez tudo errado!

— Errado? *Errado* como?

Tivemos uma pequena discussão que terminou com um suspiro e uma frase:

— Ah, Craig, você é tão... *homem*!

Pensei: *Como assim? Claro que sou homem.* Por anos, representamos cenas bem parecidas com essa: ela fazendo as coisas do jeito dela e eu fazendo as coisas como um homem. Até que ela acabava dizendo:

— Você não pode fazer isso de um jeito mais *feminino*?

Um dia, finalmente, cheguei ao meu limite.

— Você devia ter casado com uma mulher. *Nunca* conseguirei fazer isso da mesma maneira que uma mulher.

Então, quando Amy e eu estávamos novamente diante de uma dessas diferenças de opinião, parecia que ia terminar como sempre — num empate. Mas aí a minha esposa disse algo tão profundo que mudou a minha vida.

— Craig, quero que você saiba uma coisa. A partir deste momento, eu decido por aceitá-lo completamente como o homem que Deus queria que você fosse. Não vou pedir que você seja outra coisa. — Daquele momento em diante, o nosso casamento progrediu de maneira inacreditável.

Preciso deixar bem claro. Não estou dizendo que os homens são melhores que as mulheres e que eles devem ter todo o domínio sobre elas como tiranos. Não estou dizendo que as mulheres são melhores e devem masculinizar os maridos. Só estou dizendo que somos diferentes e, já que foi Deus quem nos fez assim, isso é bom. Naquele dia, Amy reconheceu a diferença e me autorizou a vivenciar a plenitude de ser o homem de Deus para ela e para a nossa família. Então, deixe-me dizer mais algumas coisas que você precisa saber antes de prosseguir com a leitura.

Homens, este livro é para vocês. A última coisa de que precisam é de mais um livro, uma gravação, um CD motivacional ou até um estudo bíblico que trate de como ser um homem de Deus em quatro passos simples. Não é isso que vamos fazer aqui. O nosso foco está na questão crucial que, estou convicto, vai motivá-los no fundo do coração: ser um guerreiro e saber quando e como lutar.

Se você ler este livro, descobrirá como você realmente é — um homem criado com um coração de guerreiro à imagem de Deus — e como combater o bom combate por aquilo que é certo. Você encontrará forças para travar as batalhas que você sabe que precisa travar — aquelas que determinam o estado do seu coração, a qualidade do seu casamento e a saúde espiritual da sua família. As batalhas que o fazem depender de Deus como a fonte da sua força. As batalhas que o trazem à *vida*.

Senhoras, se vocês estão lendo este livro, talvez seja melhor deixá-lo de lado. Isso não é para vocês.
Deixem de lado. Por favor. *Agora*.
Estou falando sério.
Você continua lendo, não é?
Eu entendo. E na realidade quero que continue. Assim como eu queria que Amy entendesse que eu jamais conseguiria ser algo que não homem, creio que a maioria dos maridos quer que a esposa reconheça o mesmo em relação a eles. Assim, se você vai continuar lendo, espero que use isto como um guia interior para ajudar o seu homem a travar as batalhas certas. E não só para travá-las, mas para vencê-las. Espero que você o incentive a ser o homem que Deus deseja que ele seja.

Se você fizer isso, ele excederá os seus sonhos mais delirantes. Ele dará um basta naquelas suas expectativas antigas. Então, se você continuar lendo, por favor, não tente fazer do homem aquilo que você acha que deseja. Apenas o incentive a ser o homem conforme Deus queria quando o criou. Basta reconhecer que Deus colocou nele algo diferente: um coração de guerreiro.

1.4

Nós somos os guerreiros

A Bíblia diz que Deus é um Deus de misericórdia e graça. E em Êxodo lemos que "o SENHOR é *guerreiro*, o seu nome é SENHOR" (15.3, grifo nosso). Assim, se fomos criados à imagem de Deus, como vimos em Gênesis, então também somos guerreiros como parte da nossa natureza. De novo, não estou dizendo que as mulheres não podem ser guerreiras. Digo apenas que ser guerreiro está no âmago da identidade masculina. Não é algo meramente cultural, patriarcal. É algo divino, inerente ao desígnio do nosso Criador.

Considere o que a Bíblia tem a dizer acerca dos pais, outro termo usado para descrever tanto Deus como os homens. O texto de Salmos 127.4,5 diz: "Como flechas nas mãos do *guerreiro* são os filhos nascidos na juventude. Como é feliz o homem que tem a sua aljava cheia deles! Não será humilhado quando enfrentar seus inimigos no tribunal" (grifo nosso).

Guerreiros.

E depois há o maior guerreiro de todos os tempos, Jesus. Muitos de nós imaginamos Cristo com base nos retratos pintados que vimos dele: manso e doce, sorridente. Crianças reunidas a seus pés, em adoração. Ovelhas vagando pelas encostas a seu redor. Ele curando os enfermos, ajudando os pobres. Só uma força suave a favor do bem por onde quer que passasse flutuando.

Estou exagerando (só um pouco). Se você observar a vida de Cristo, ele não era um capacho divino. Imagine Jesus com ira santa, derrubando as mesas de cambistas corruptos no templo de seu Pai. Ou considere o seguinte retrato da volta de Cristo, conforme visualizado por João: "Vi os céus abertos e diante de mim um cavalo branco, cujo cavaleiro se chama Fiel e Verdadeiro. Ele julga e guerreia com justiça. Seus olhos são como chamas de fogo, e em sua cabeça há muitas coroas [...] Está vestido com um manto tingido de sangue, e o seu nome é Palavra de Deus. [...] De sua boca sai uma espada afiada, com a qual ferirá as nações. 'Ele as governará com cetro de ferro.' [...] Em seu manto e em sua coxa está escrito este nome: REI DOS REIS E SENHOR DOS SENHORES" (Apocalipse 19.11-16).

Esse é o Bom Pastor manso e doce? Se você é como a maioria dos cristãos, provavelmente está pensando: *Não é assim que eu imagino Jesus, como um guerreiro feroz liderando com um grito de guerra. Os cristãos não devem revidar. O que aconteceu com o dar a outra face?*

Dar a outra face vem de Mateus 5.38,39, onde Jesus ensina: "Vocês ouviram o que foi dito: 'Olho por olho e dente por dente'. Mas eu lhes digo: Não resistam ao perverso. Se alguém o ferir na face direita, ofereça-lhe também a outra".

Certamente Jesus é o Príncipe da Paz prometido (Isaías 9.6). A misericórdia e a compaixão de Deus renovam-se a cada manhã (Lamentações 3.22,23). Deus nos tem dado muito mais do que jamais merecemos, sacrificando seu próprio Filho por causa dos nossos pecados (João 1.29; 3.16; Hebreus 10.10).

Essas e outras verdades levam muitos a imaginar Jesus manso e doce, um pobre carpinteiro galileu que brincava com crianças e cuidava de ovelhas. O maior problema dessa descrição não é ser incorreta, mas ser incompleta. Esse "instantâneo" de Jesus costuma ter origem em uns poucos versículos da Bíblia (às vezes de apenas um). Esse tipo de visão seletiva só pode nos oferecer uma parte do quadro inteiro.

Precisamos considerar tudo o que a Bíblia nos diz para compreendermos plenamente o caráter de Deus e o exemplo de Jesus. É isso o que vamos fazer ao longo deste livro: examinar não só a vida de Cristo, mas também a vida de alguém que trazia algumas semelhanças gritantes com a maioria dos homens hoje — o nosso bom companheiro Sansão. Isso mesmo: o mauricinho de bíceps avantajados, cabelos de *hippie* e uma queda por Dalila. Você pode ficar surpreso ao reconhecer quanto tem em comum com esse cara. As coisas não acabaram muito bem para ele, mas, olhando sua vida, aprenderemos a derrotar os demônios que enfraquecem os fortes. Aprenderemos a nos tornar como Deus queria que fôssemos quando ele nos criou: homens que sabem lutar por aquilo que é justo.

1.5
Beijando o chão do matadouro

Quando cheguei tropeçando em casa com as marcas das falanges de Bo no rosto, a minha mãe ficou horrorizada diante do meu olho roxo. Por mais horrível que parecesse, o meu ego estava em estado muito mais deplorável. Ela correu para mim e me aconchegou em seus braços.

— Querido, o que aconteceu? Ai, meu amor, você está bem?

Segurando as lágrimas enquanto ela me abraçava, contei o que Bo havia feito. Como muitas mães, ela ficou estarrecida com a violência infligida em forma de *bullying*. Quando o meu pai voltou para casa algumas horas depois, fiquei observando suas reações, enquanto a minha mãe recontava a história.

Ele ouviu em silêncio, de pé, engravatado, avaliando o meu rosto; sua boca estava entortada para um lado, e as mãos repousaram na cintura, sem largar o paletó. Então, em vez de me consolar como a minha mãe fez, ele levantou o meu queixo, me fez dar meia-volta, pousou suas mãos grandes com firmeza sobre os meus ombros, levou-me até a garagem e me pôs sentado num balde virado para baixo. Em questão de minutos, transformou a nossa garagem numa área de treinamento de dar inveja ao Rocky. Depois de dispor tudo do jeito que queria, virou-se para mim e disse simplesmente:

— Agora vou ensiná-lo a lutar. Você verá que Bo é só um valentão e então colocará as coisas nos seus devidos lugares.

Foi assim. Nenhum abraço. Nenhum curativo. Nenhuma raiva. Nenhuma bronca. Nenhuma lágrima. Eu tinha um problema, e papai tinha uma solução: aulas de luta aberta e franca de mãos nuas. De um dos jeitos mais vigorosos, o meu pai simplesmente me mostrou quanto me amava.

Pelo resto do fim de semana, ele me ensinou cada truque que conhecia ou que conseguiu inventar. Demonstrou como socar, como fazer a guarda e como desferir um golpe para nocautear. Ele me instruiu nas refinadas técnicas de cotoveladas, sufocação e pontos de pressão. Mostrou como agarrar, socar os olhos, arranhar, morder e chutar um sujeito no lugar certo para garantir o fim da luta.

Papai não me ensinou a lutar limpo. Ele me ensinou a lutar para vencer.

Para completar o meu treinamento, papai me instruiu sobre o que falar para Bo. Se ele cooperasse, eu não devia acertá-lo. Contudo, se ele recusasse os meus termos, eu deveria desferir rapidamente e com força o meu primeiro soco no nariz dele. E assim que seus olhos começassem a lacrimejar, eu precisava atingi-lo com tudo na virilha. Essa simples combinação me permitiria encerrar a luta na hora em que eu quisesse.

Quando mamãe percebeu o que estávamos fazendo, ficou furiosa com papai.

— Você vai conseguir deixar o menino mais machucado. Violência não leva a nada.

O meu pai permaneceu impassível, calmo e resoluto como um general do exército.

— Confie em mim, querida. Craig *precisa* resistir a essa afronta. Ele precisa ganhar essa luta e ganhar para valer. E ele vai ganhar.

A caminho da escola na segunda-feira, o meu corpo estava tão embebido de energia nervosa, que os joelhos tremiam e eu me sentia aturdido. Quando virei a esquina e entrei no *playground* da escola, avistei Bo parado no meio da área com alguns outros meninos. Seguindo a programação do meu pai, continuei andando, com os ombros para trás, em linha reta rumo ao adversário. Eu não tinha ideia do que iria acontecer. Simplesmente seguia o roteiro.

Aconteceu que Bo se virou bem na hora que o meu rosto estava a poucos centímetros do dele, por eu ter-me inclinado para encará-lo. Antes que ele pudesse ao menos perceber o que ocorria, agarrei sua camisa, puxei-o para perto, e o meu punho direito ergueu-se como uma catapulta armada e carregada. Não era coragem. Exatamente como o meu pai havia ensinado, canalizei toda a minha justa indignação, o medo natural e a raiva cega nos braços e nas mãos magros, fortificados pela confiança que o meu pai depositara em mim.

— Se *algum dia* você tocar em mim de novo, Bo, eu... vou... *acabar* o que você começou. Você está entendendo?

Eu nem acreditava que era mesmo a minha voz anunciando um ultimato para o garoto que me vencera de lavada poucos dias antes.

Naquele momento, porém, o sol congelou no céu. Os passarinhos pararam de voar. Os outros meninos ficaram de queixo caído. Bo segurou a respiração por um momento, e seus olhos se encontraram com os meus, em busca de uma leitura precisa da situação. *Será que ele está blefando? Vai mesmo me bater?* O encontro dos olhares pareceu durar uma eternidade. Nenhum dos dois se permitia piscar.

Então, tão de repente como eu o tinha agarrado, Bo riu e deteve as mãos com as palmas abertas. Endireitou-se e, sem jeito, rompeu o silêncio:

— Ahn... tá legal, então. Na verdade, eu *nem* achava que você era *gay*.

E foi exatamente assim que Bo e eu nos tornamos amigos. Não só amigos, mas como irmãos de sangue. Nunca mais tocamos no assunto, e até hoje eu me admiro em ter conseguido reprimir um menino quase dez quilos mais pesado que eu. (O que é muito, quando você não chega a vinte e cinco.) Mas eu consegui.

O meu pai me deu confiança para defender o meu território. Aquele único presente, oferecido com amor — algumas horas de seu tempo, transmitindo conhecimentos e habilidades de homem para homem — não só mudou o menino que eu era, como também moldou o homem que sou hoje. Mesmo que Bo tivesse me batido de novo, não importaria: eu o havia enfrentado. Eu tinha aprendido a lutar como homem.

Aquela foi a única vez na vida que o meu pai me encorajou a revidar. No entanto, o guerreiro grisalho dentro dele acolheu o guerreiro embrionário em mim com a lição clara de que alguns males só podem ser corrigidos quando você decide contra-atacar.

1.6

Escolha as suas batalhas

Se toda essa conversa sobre luta, violência e ser um guerreiro incomoda você, deixe-me dizer algo: o valor da força é determinado pelo motivo de sua utilização. Se usada por amor e proteção, a força é boa. Infelizmente, ela também pode ser usada para causar danos, e isso não combina com o que vemos do caráter de Deus na Bíblia. Ele nos chama para lutar pelo que é certo. E o valor de um guerreiro é determinado por sua causa.

Um homem sem uma causa concedida por Deus é muitas vezes apenas um homem raivoso que não sabe para onde dirigir a energia e a agressividade represadas. Um guerreiro *com* uma causa dada por Deus dirige essa energia belicosa para uma causa maior que ele.

Cavalheiro, Deus criou *você* com um coração de guerreiro.

Você nunca viverá de verdade até encontrar algo pelo qual deseje morrer.

Você foi criado para lutar pela justiça.

Até se deparar com essa causa divina, você continuará entediado, destrutivo e frustrado. Encontre algo mais. Agradeço a Deus por conseguir viver a minha causa divina. Creio honestamente que estou na linha de frente da mais importante das guerras: a guerra entre o céu e o inferno. O Reino de Deus contra o reino das trevas. A minha espada está levantada e me posiciono na linha de frente. Estou disposto a morrer pela causa de levar as pessoas a se tornarem seguidoras plenamente dedicadas a Cristo. Não se trata do que *eu faço*. Trata-se do que *eu sou*. Começa com a minha família e transborda para tudo o que faço onde quer que eu esteja.

Recentemente, tive esse momento poderoso com um grupo de universitárias que visitava a igreja em que prego. As moças costumam frequentar outro ponto de reunião da nossa igreja, em outra comunidade, onde as nossas mensagens são transmitidas por vídeo, de modo que elas me ouviram pregar havia alguns anos. Depois da mensagem naquele dia, algumas meninas do grupo vieram conversar comigo. Elas foram muito bondosas, dizendo basicamente:

— Pastor Craig, agradecemos a Deus pelo que você é. Os nossos pais não servem de exemplo como homens de Deus. Admiramos o que você faz. Você é um homem de Deus muito forte. Oramos o tempo todo para encontrar homens fortes como você para nos casar.

Fiquei lisonjeado e também um pouco constrangido. Ri e lhes disse:

— Uau! Muito obrigado! Mas acho que vocês precisam entender uma coisa: não sou forte de jeito nenhum. Na verdade, sou um dos homens mais fracos que vocês já viram.

Elas pareciam confusas, de modo que tentei explicar:

— O que vocês querem não é um sujeito que pareça forte exteriormente. Vocês querem um homem que pode se manter forte só porque investe o tempo de joelhos todos os dias diante de Deus.

(Mulheres, se vocês ainda estão lendo, não percam esta: O homem que vocês querem não é o cara que vence uma briga de valentões, mas o que conhece as próprias fraquezas e luta no poder de Deus. Ele não será perfeito, mas Deus irá aperfeiçoá-lo.)

Todo homem quer ser forte.

Talvez você quisesse ser capa da revista *Men's Health* ou algo parecido, com um sorriso discretamente atrevido no rosto, flexionando os bíceps avantajados enquanto levanta a camisa justa, em decote V, para revelar o abdômen sarado.

Isso é o que muitos *acham* que querem. No entanto, homens que investem a vida só na força física não promovem o Reino de Deus no mundo — pelo menos não dessa forma. Os homens fortes, os que mudam o mundo, os verdadeiros guerreiros, são os que conseguem admitir as próprias limitações.

— Senhor, sou fraco. E preciso de ti.

Quero redefinir o entendimento que você tem do que significa ser guerreiro. Não se trata de arrogância e ar desafiador; não se trata de ter barriga tanquinho e viver comprando briga; não se trata de ser bem-sucedido na vida e conquistar a admiração ou a inveja de todos. Ser guerreiro de verdade significa conhecer a fonte da verdadeira força. Significa conhecer as suas fraquezas e recorrer a Deus a fim de que ele o fortaleça para ser o homem que ele deseja. Para ser um guerreiro, você não precisa ser Jason Bourne (personagem de Matt Damon no filme *Identidade Bourne*) ou James Bond (Sean Connery, Pierce Brosnan ou Daniel Craig, não aqueles outros fracotes).

Assim, se você é um cara que ama a paz e não se sente propenso a realmente lutar com nenhum grande problema, continue lendo. Este livro ainda é para você. Você já está numa luta, tenha ou não consciência disso. O seu inimigo espiritual quer derrotá-lo. Ele é mestre em enfraquecer os fortes. Às vezes, ele faz isso dando-nos conforto, segurança e proteção, resignando-nos a uma vida medíocre porque isso é familiar e não exige muito de nós. É assim mesmo que você quer viver?

Ainda que Satanás enfraqueça os fortes, Deus está empenhado em tornar fortes os fracos. O seu passado não é o mais importante. O seu futuro é. Se você quer viver a sua vida — realmente vivê-la de um jeito corajoso, apaixonado, daquele jeito contagiante que inspira os outros —, então este livro é para você. Como vamos descobrir e explorar juntos, Deus muitas vezes usa os momentos de dor que mais tememos para fazer algo profundo em nós. É assim que Deus nos molda para sermos os homens que ele deseja que sejamos.

Se não há lutas, não há por que batalhar.

E Deus tem um jeito particular de despertar o guerreiro interior adormecido para lutar aquela batalha que nos prepara para lutar e vencer uma batalha ainda maior.

1.7
Clube da luta

Deus não só deseja que você lute, como deseja lhe dar uma causa maior que você. Então, quando você amar algo o bastante para se dispor a morrer por isso, terá liberdade para viver. Considere o que o líder Joabe disse para inspirar um guerreiro em 2Samuel 10.12: "Seja forte e lutemos com bravura *pelo nosso povo e pelas cidades do nosso Deus*" (grifo nosso). Lute por uma causa maior que você. Isso está em você.

Você sabe que está aí.

Você sente isso.

Você tem um coração de guerreiro.

Talvez você esteja pensando: *Não sei, Craig. Sou um sujeito pacato, pacífico, "na minha". Não tenho nada que ver com cenas de clube da luta. São deveres do ofício grandiosos e tudo mais, mas na verdade nem sei se eu sei lutar e prefiro não tentar.*

Tudo bem se você não se considera um guerreiro, pelo menos em termos terrenos. Contudo, Deus o criou para lutar nas batalhas. E ele nos deu muitas armas espirituais que discutiremos ao longo do percurso. Por enquanto, porém, entenda apenas que o homem mais forte não é o que levanta o maior peso, mas aquele que possui maior fé.

Outros podem estar pensando: *Realmente há uma batalha explodindo. E eu não posso perder essa.* Se você é um desses, chegou a sua hora de lutar.

Talvez você esteja à beira de um colapso financeiro. Agora é hora de lutar como se a sua vida dependesse disso, para assumir o controle da sua renda e ordenar as suas prioridades de acordo com o fluxo de caixa.

Talvez você esteja brincando com fogo no campo sexual. Você fica voltando a imagens, pessoas e lugares que o deixam excitado, mas também desencadeiam coisas que talvez você tema não conseguir controlar. Você acabará se queimando. Decida-se. Confesse e vença essa escuridão.

Lute.

O seu casamento pode estar por um fio. Decida jamais desistir. Use o amor, a paciência e o perdão. Empenhe a sua vida e salve o seu casamento. Quem sabe os seus filhos estejam tomando decisões perigosas. Caia de joelhos e lute como um homem — de Deus!

Aprenda a lutar com a fé, com a oração e com a Palavra de Deus. Então, quando o seu inimigo atacar, lute pela causa correta que Deus lhe deu. Marque o seu território. Faça o seu inimigo pagar a conta. Ele precisa captar a mensagem. *Não contrarie um guerreiro. Não mexa com um homem de Deus.* Saia lutando.

E não apareça desarmado para a luta.

Use as armas que Deus lhe deu, e você vencerá. Está sentindo? Está dentro de você.

É hora de lutar como homem.

SEÇÃO 2

HOMENS FORTES COM VONTADE FRACA

★ ★ ★ ★ ★

Não somos fracos se fazemos o devido uso daqueles meios que o Deus da natureza pôs sob o nosso poder. [...] A batalha, meu senhor, não é só para os fortes: é para os vigilantes, os ativos, os bravos.

Patrick Henry

2.1

Homens fortes com vontade fraca

Há pouco tempo, três adolescentes me deixaram muito bravo quando passaram por mim de carro, me desafiando, rindo histericamente, por serem muito mais rápidos e boas-pintas que eu. O sorriso desdenhoso deles dizia tudo: *Coitado desse pai coroa, levando as crianças na Veraneio da mamãe-faz-tudo. Nunca ele vai nos alcançar e fazer algo com a gente.*

Ainda que eu tivesse três dos meus seis filhos no carro, naquele momento algo estalou dentro de mim. Quase sem me dar conta, o meu pé pisou fundo no acelerador e entrei numa perseguição ferrenha. E eu adoraria dizer que esperava fazê-los parar para partilhar com eles o amor de Deus, mas a verdade é que estava avaliando a capacidade do grupo. Com um pouco de treinamento em várias artes marciais e pelo menos vinte anos de experiência de vida acima deles, já estava planejando como os abordaria — todos os três. Sem me machucar nem deixar os meus filhos machucados, é claro.

Devem ter passado dois minutos inteiros de um racha ilegal a plena velocidade (não como uma perseguição que você vê nos filmes da moçada), quando caí em mim e os deixei ir. Talvez por ter captado no retrovisor a expressão de terror nos olhos da minha filha. Talvez por não querer explicar à minha esposa por que as crianças e eu estávamos sendo levados para a delegacia. Talvez por me lembrar de que moro numa cidade um tanto pequena e sou bem conceituado como pastor: alguém que não costuma se envolver em rachas (com os filhos a bordo) só para dar uma lição a três babacas.

Obviamente, não estou contando essa história para me gabar do meu autocontrole. Pelo contrário, espero que você entenda que sou tão humano quanto qualquer pessoa ao seu lado. Num minuto, estou buscando Deus em oração. No minuto seguinte, estou numa discussão inútil com a minha esposa. Posso louvar de maneira arrebatada na igreja e logo depois fazer fofoca com um amigo no carro, voltando para casa. Às vezes, sei que preguei uma mensagem apaixonada e ungida pelo Espírito. Na maioria das vezes, porém, fico duvidando que vá conseguir acertar algum dia.

Já é difícil servir a Deus quando as coisas correm bem. É muito mais difícil ser fiel a ele quando as coisas *não* correm como eu quero. Você sabe do que estou falando. Você tenta se organizar financeiramente, mas aí o carro, ou o ar-condicionado, ou a máquina de lavar, quebra, e o rombo fica muito maior. Você trabalha de coração para ser promovido ao cargo sonhado, só para ver aquele sujeito chato que mal suporta lhe passar a perna. Mais e mais, parece que, quando você resolve viver para Deus de todo o coração, o inferno inteiro desaba sobre a sua vida.

Isso torna realmente difícil fazer o que você deseja — ser um bom marido, um grande pai, um amigo de verdade e, como Davi, um homem segundo o coração de Deus. Só que é duro seguir adiante quando parece que você está num jogo de cartas marcadas. É difícil sentir que você realmente é um homem de Deus.

E vamos ser honestos: quando olhamos à nossa volta, muitas vezes parece que os homens de Deus estão em falta. Um dos versículos mais trágicos da Bíblia deve ser Ezequiel 22.30, no qual Deus diz:

"Procurei entre eles um homem que erguesse o muro e se pusesse na brecha diante de mim e em favor desta terra, para que eu não a destruísse, mas não encontrei nenhum".

Nenhum.

Nem um.

Deus não conseguiu encontrar um único homem que se apresentasse por seu povo. Se procurasse hoje um homem como esse, penso que diria algo como: "Estou à procura de um homem íntegro. Estou à procura de um homem de coragem, disposto a lutar pelos que não podem se defender. Estou à procura de um homem que dê a vida pela esposa, assim como Cristo deu a vida por sua noiva, a igreja. Estou à procura de um homem que transmita a verdade espiritual para a próxima geração. Estou à procura de um homem que se importe altruisticamente com os outros".

Espero que, se Deus estiver procurando um homem desse jeito hoje, não fique de mãos vazias. Espero que encontre muitos cujo coração pulse apenas por ele.

Você é um deles?

Quer ser?

2.2

Superpoderes

Quando penso nos homens da Bíblia cuja vida parecem influenciar a minha, sempre me impressiono com figuras como Moisés e Abraão, José e Davi, Pedro e Paulo. Todos eles me servem de exemplo e encorajamento, lição e sabedoria, perseverando mesmo quando fracassavam. E há o exemplo perfeito do maior homem que já andou sobre a terra, Jesus, o próprio Filho de Deus.

No entanto, às vezes alguns deles — mesmo Cristo — podem parecer distantes e alheios aos problemas que você e eu enfrentamos — as demandas constantes do nosso tempo, as contas, os problemas, os conflitos no trabalho, as tensões em casa, as lutas íntimas do coração. É por isso que fiquei surpreso ao me identificar tanto com um sujeito cuja história não é conhecida por um final feliz do tipo "andou com Deus". Ele é descrito como o homem mais forte que já existiu e é famoso por ser a parte masculina de um casal mal afamado.

Depois de estudar sua vida, fiquei convencido de que a maioria de nós, homens, é mais parecida com Sansão do que esperávamos. E não estou falando só dos peitorais e da cabeleira exuberante. Sansão tinha enorme potencial, muitos pontos fortes além da simples força física, mas suas fraquezas continuavam a sugar o melhor dele.

Você está se identificando?

Provavelmente já ouviu falar a respeito de Sansão — mesmo que só pela versão infantil da história de Sansão e Dalila —, de seus músculos sobrenaturais e de como ele perdeu a força quando cortaram seus longos cabelos. (Recomendo que você mesmo leia sua história em Juízes 13—16.)

Apesar das realizações lendárias, Sansão é famoso por suas fraquezas. Mesmo com um potencial tremendo dado por Deus, ele tomou uma decisão ruim atrás da outra, sabotando, na prática, a vida que poderia ter tido. Deus lhe concedeu habilidades sem igual que ele poderia ter empregado para a promoção do Reino de Deus. Contudo, por causa de sua futilidade — e egocentrismo, libertinagem e miopia —, Sansão as desperdiçou. Posso resumir a vida de Sansão com uma única frase: um homem incrivelmente forte com vontade perigosamente fraca.

Espero que você perceba que Deus lhe deu, assim como deu a Sansão, poderes especiais que podem ser usados para promover seu Reino, tanto na sua própria vida como na das pessoas ao seu redor. Creio que podemos aprender o suficiente com a vida de Sansão para evitarmos os erros que ele cometeu.

A história de Sansão começa em Juízes 13. Por infidelidade, Deus permitiu que os israelitas caíssem sob o domínio dos inimigos, os filisteus. No entanto, depois que eles serviram como súditos dos filisteus por quarenta anos, Deus disse em essência: "Acho que já foi suficiente, Israel. Estou levantando um homem, Sansão, que vai livrá-los da escravidão". Esse exemplo nos lembra de que, quando Deus faz algo na terra, costuma fazê-lo por meio de sua gente e, muitas vezes, por meio de homens a quem chama para serem seus guerreiros.

Assim, Deus enviou um anjo a um casal que não tinha conseguido gerar nenhum filho. O anjo disse à mulher que ela teria um filho, de modo que precisaria cuidar muito bem da própria saúde. Os pais de Sansão ainda não sabiam, mas, desde o início da vida, o Espírito do Senhor estaria presente em Sansão, e Deus lhe daria força sobrenatural.

O anjo não lhes disse exatamente *isso*, mas lhes disse algo bem incomum. O anjo disse à mãe de Sansão que ela nunca devia permitir que cortassem o cabelo do filho, porque Deus queria que ele fosse nazireu, dedicado a Deus desde o ventre materno.

Conforme a Bíblia descreve em Números 6, os nazireus eram homens ou mulheres israelitas que desejavam consagrar-se a Deus, mas não eram da tribo de Levi (sacerdotes especialmente escolhidos por Deus). Eles podiam dedicar-se ao Senhor fazendo um voto especial e oferecendo-se a ele. Tais pessoas precisavam declarar: "Estou decidido a viver de acordo com estes votos e servir a Deus com a minha vida".

Era preciso fazer três votos para se tornar nazireu:

- *Não beber*. Nada de cervejas. Nada de martínis. Nada de margaritas com comida mexicana. A pessoa nem podia permitir que o álcool lhe tocasse os lábios.
- *Não tocar em nenhum cadáver*. De acordo com as leis que Deus havia dado aos hebreus, coisas mortas eram "impuras". Deus é perfeito e santo, de modo que os nazireus eram proibidos de lidar com restos mortais de qualquer espécie.
- *Nunca cortar o cabelo*. A pessoa precisava deixar o cabelo crescer quanto a natureza quisesse. Podia penteá-lo, só não podia cortá-lo. Depois de pesquisar um pouco, convenci-me de que nenhum nazireu, muito menos Sansão, jamais teve o cabelo *mullet*, como MacGyver. (*Mullet* é um estilo de cabelo mundano. No entanto, mesmo que você tenha usado isso nos anos 80, há lugar para você na cruz.)

Por que o cabelo comprido? Hoje, quando alguém se dedica a Cristo, celebramos essa decisão batizando a pessoa. Quando você é batizado, esse é um modo de anunciar exteriormente o testemunho de uma transformação espiritual interior. Com essa ação, você está dizendo às pessoas: "Estou alinhando a minha vida com Cristo. É isso que sou agora". Enquanto o batismo é um evento único, o cabelo comprido do nazireu era um lembrete constante de sua dedicação a Deus. Assim como a minha aliança é um sinal exterior sempre visível de que sou comprometido com a minha esposa, o cabelo comprido do nazireu era um sinal exterior sempre visível de que ele fora separado para Deus. Se você visse uma pessoa com cabelos extraordinariamente longos na época de Sansão, reconheceria: "Ah, é um nazireu! Ele consagrou a vida a Deus".

Obviamente, Sansão não era um nazireu comum. Pelo fato de Deus estar empenhado em livrar seu povo da opressão dos filisteus, ele havia colocado as mãos sobre Sansão, preenchendo seu corpo com força sobrenatural. Isso não é o máximo? Sansão foi um tipo de primeiro super-herói. Pelo menos, ele tinha claramente superpoderes dados por Deus.

Você pode estar pensando que a vida de Sansão está muito distante da sua. Ele não bebia. Ele tinha o cabelo intacto (sem xampu antiqueda). E era dotado de superforça.

Pense um minuto, porém. Você tem os poderes que Deus lhe deu para usar no serviço a ele e no amor para com os que estão à sua volta. Como já vimos, creio que um dos dons que Deus lhe deu é um coração de guerreiro, ideia que vamos explorar no restante deste livro. Quais capacidades recebidas como bênçãos de Deus você consegue identificar na sua vida agora? Antes de começarmos a examinar como as nossas fraquezas nos fazem pôr em risco tantas das boas coisas na vida, é importante lembrar quais são essas coisas boas.

Você tem uma luta e precisa vencer.

E você tem Deus, que já lhe deu a vitória.

2.3
Tipos de criptonita

Você leu *Super-homem* quando criança ou pelo menos viu alguma de suas várias versões no cinema? Você deve lembrar-se de que a única fraqueza do Super-homem era a criptonita, pedaços ou fragmentos de rocha de seu planeta natal, Krypton. Nas revistas mais antigas, a criptonita era verde e drenava instantaneamente todos os poderes do Super-homem. Mas aí alguns autores usaram a criatividade e começaram a inventar diferentes variedades de criptonitas. A vermelha tinha efeitos aleatórios sobre o Homem de Aço, fazendo-o às vezes transformar-se em animais ou insetos. A preta alterava sua personalidade, criando problemas psicológicos.

Apesar de Sansão não ser de Krypton, ele realmente tinha vários problemas que o tornavam prisioneiro das próprias fraquezas. Como veremos, apesar de tantas condições favoráveis, apesar de ter sido escolhido por Deus e brindado com força sobrenatural, Sansão não conseguia escapar da própria deficiência. Apesar de todas as bênçãos na vida, muitas vezes ele mesmo era seu maior inimigo.

Soa familiar? Você está se identificando?

Infelizmente, creio que a maioria de nós é muito parecida com Sansão — menos no que diz respeito à superforça e aos cabelos compridos, claro. Ao mesmo tempo que Sansão tinha potencial para ser grande, ele desperdiçava esse potencial tomando uma decisão errada atrás da outra. Ele se entregava às emoções em vez de seguir as ordens de Deus. Corria atrás de gratificações imediatas em vez de obedecer a Deus. Perdeu de vista os próprios pontos cegos, o que por fim lhe custou a visão.

A maior parte dos homens hoje não é diferente. Nem consigo contar quantos deles conheço que são realmente dinâmicos no trabalho, líderes que enfrentam as situações e conquistam seu espaço no mercado. São feras nos negócios, distribuem broncas e sabem quem é quem. Fecham acordos. Avançam. São promovidos. Depois, esses mesmos sujeitos chegam em casa, desabam no sofá e tornam-se passivos. Recusam-se a liderar a família ou a ajudar os filhos a descobrirem seu propósito na vida. Não hesitam em dominar o campo em um cenário, mas viram espectadores no outro.

Também vivo falando com homens disciplinados no cuidado com as finanças, a carreira, os *hobbies*, a forma física. Eles cuidam do que *desejam* cuidar, mas não se dispõem a cuidar de uma mulher.

Alguns gastam horas pesquisando e estudando tudo o que lhes interessa. Qual a melhor vara e o melhor carretel? Qual o melhor tipo de TV para comprar? E onde encontrar a melhor oferta? Eles podem passar horas cultuando no altar do egoísmo, mas não conseguem gastar cinco minutos estudando a Palavra de Deus para se edificarem espiritualmente.

Uma porção de barbados têm amor sincero e profundo por Deus e pela mulher especial da vida deles. Apesar disso, esses mesmos homens, que possuem tantos bons atributos, veem-se trancados na prisão dos desejos libidinosos. E se mantêm paralisados, por excesso de medo ou de vergonha, para pedirem ajuda. Então fazem o que os homens vêm fazendo há séculos. Escamoteiam. A vida pública é uma; a privada, outra. Abrem sorrisos de bondade e amor, enquanto, por dentro, são consumidos por um fogo furioso de paixões.

Todos esses diferentes homens têm enorme potencial inexplorado, mas estão se destruindo aos poucos por causa de uma avalanche de más decisões. O que destrói, devasta e degrada tantos homens potencialmente grandes? A vida de Sansão nos mostra os mesmos três problemas que têm enfraquecido os fortes desde o princípio:

Cobiça.

Arrogância.

Orgulho.

2.4
Cobiça errante

Nos meus mais de vinte e dois anos de ministério, cada homem com quem conversei, cada guerreiro, disse que a cobiça libidinosa é, no mínimo, um perigo real e potencial. O que torna a luta contra esse impulso tão problemático é que estamos rodeados por uma cultura dedicada a satisfazer os nossos desejos libidinosos do mesmo jeito que ficamos loucos por um hambúrguer e corremos para um McDonald's. Somos bombardeados pela mensagem: "Você pode fazer tudo o que quiser, ver o que quiser, desde que não prejudique ninguém. Não há nada de errado em dar uma olhadinha. Você está apenas admirando as vitrines. Se não tocar, não machuca".

A Bíblia discorda. Lemos em Efésios: "Entre vocês não deve haver nem sequer menção de imoralidade sexual como também de nenhuma espécie de impureza e de cobiça; pois essas coisas não são próprias para os santos" (5.3).

Muitos homens costumam justificar uma vida secreta, uma vida que levam quando estão sozinhos. Pensam: *Não é nada. Não estou ferindo ninguém. Não faço nada de errado. Além do mais, é assim que lido com o estresse.* No entanto, em Mateus 5.27,28 Jesus elevou os padrões acima das meras ações. Ele fez a assombrosa declaração de que, se você só *olhar* cobiçando outra pessoa, já cometeu adultério — no coração. O que importa para Deus não é só aquilo que olhamos ou tocamos, mas aquilo em que se concentra o nosso coração.

Sansão, o homem que tinha essa fraqueza, sabia o que todos nós sabemos muito bem. Nós vemos, nós queremos, nós pegamos — pelo menos dentro da nossa cabeça. Quando você vê algo que deseja, você sabe o que acontece na sua mente. Você se sente arrastado por aquilo e o seu coração diz: *Quero isso. Preciso disso. Tenho de conseguir isso. E agora.*

Quando um homem, mesmo que bastante sensato, se vê motivado pela cobiça, toda sua lógica voa pela janela. Ele permite que os hormônios sequestrem sua razão, seu compromisso e sua força de vontade. Tenho conversado com inúmeros homens que, em momentos de sinceridade, confessam diferentes versões da mesma história. *Vi uma mulher atraente e não queria ficar olhando, mas fui compelido a observar. Eu tive de olhar. Tentei dar as costas, mas os meus olhos pareciam atraídos incontrolavelmente para ela, como se tivessem vontade própria. Lutei, mas não conseguia impedir a minha mente de percorrer aquele velho caminho conhecido. Eu a imaginava nua. Pensava em sexo. E tudo aconteceu em questão de segundos.*

Infelizmente, a maioria dos homens se identifica com pelo menos partes das lutas visuais e sexuais. Só que nem toda cobiça é sexual. Talvez a sua fixação seja uma promoção, um aumento, uma vitória no serviço. A promoção, o dinheiro e a vitória consomem os seus pensamentos e embotam a sua alma. Talvez seja a casa nova, o carro novo, o barco novo. Você pensa nisso de manhã, no almoço e quando vai deitar. Qualquer que seja o seu objeto, é preciso dar tudo de si para evitar entrar de cabeça nessa caçada.

Sansão tinha o mesmo problema. Juízes 14.1-2 diz: "Sansão desceu a Timna e viu ali uma mulher [quente de soltar fumaça] do povo filisteu. Quando voltou para casa, disse a seu pai e a sua mãe: 'Vi uma mulher filisteia em Timna; consigam essa mulher para ser minha esposa' ".

Posso ter dado uma torcidinha, mas é verdade. (Na Bíblia, Sansão é enganado várias vezes por mulheres sensuais.) Muita coisa está acontecendo nesses dois versículos. Sansão vivia em Zorá com os pais. Timna ficava a seis quilômetros, num território filisteu inimigo. Você pode perguntar o que Sansão estava fazendo por ali. Ele abandonou os amigos para visitar inimigos e ali encontrou uma mulher proibida. (Deus havia dito a seu povo que eles não deviam se casar com pessoas que não o cultuassem.)

Sansão estava só *procurando* encrenca. Como um sujeito clicando afoitamente páginas questionáveis na internet ou zapeando os canais da TV para tropeçar "acidentalmente" em algo que satisfaça sua fome sexual, Sansão não se importou com as consequências. Assim que viu a garota, esqueceu-se de tudo mais.

Não me importa o que Deus diz.
Não me importa o que papai e mamãe dizem.
Não me importa o que é certo ou errado. Sou homem.
Tenho desejos.
Tenho necessidades.
Eu quero.

A cobiça enfraquece os fortes. É como uma fagulha que em segundos se transforma num inferno. É como o pó de criptonita que enfraquece o mais forte dos super-homens. É como o ácido derramado na folha de alumínio. Começa pequeno, como um vírus, e assume o controle.

Pense nisso. Os homens não *planejam* mandar pelo ralo tudo o que mais importa. *Vou arruinar a minha vida este ano. Acho que vou começar com uma pornografiazinha. Vou cobiçar um pouco. Isso vai acabar me levando a ter um caso. Vou conseguir um divórcio complicado, os meus meninos vão perder o respeito por mim e vou sofrer pelo resto da vida.* Ninguém pensa: *Vou ter uma doença sexualmente transmissível. Talvez eu pegue uma das sérias. Eu poderia morrer antes dos 40. Fantástico!*

Os homens não planejam se autodestruir. O problema é que temos um inimigo que planeja. A missão dele é "roubar, matar e destruir" tudo o que importa para Deus. Guerreiro, se você não tem um plano de batalha, acabará como presa do plano de batalha de seu inimigo. Fique alerta à tentação. Ela está à sua espera. Há uma porção de *websites* que parecem sadios, mas oferecem bem mais que informações. Muitos se valem do fato de parecerem semelhantes a *sites* legítimos, não eróticos. Há muitas mulheres à procura de homens como você — alguém solitário, talvez um pouco inseguro, em busca de uma mulher que lhe ofereça algum conforto. Há uma porção de catalisadores sexuais que se tornaram ícones culturais aceitos pela sociedade: *Playboy,* Victoria's Secret, revistas esportivas com atletas seminus, *Cinquenta tons de cinza*. Você não precisa sair caçando problemas como Sansão. Eles virão atrás de você.

Há alguns anos, eu viajava para falar numa conferência. Enquanto esperava a minha conexão, fui até o toalete masculino. Quando entrei no *box*, vi uma revista no chão. Não era uma revista qualquer. Não era um exemplar de *Newsweek* ou de *Cristianismo Hoje*. Não era o jornal de ontem nem a revista de bordo. Era uma *Playboy* lustrosa, bem ali, virada para cima, sorrindo para mim, de graça.

Na mesma hora, fui inundado por uma onda implacável de tentação sexual. Sentia como se fosse adolescente de novo, alguém que acabou de topar com uma mina de ouro. Eu queria poder dizer o que pensei: *Que coisa! É melhor eu jogar isso logo para que alguma criança não veja algo que não deve.* Em vez disso, pensei: *Uau! Estou sozinho aqui no banheiro de um aeroporto de outro estado com uma Playboy!* Ninguém jamais saberá. Nada demais. Estava bem ali, esperando por mim.

Ainda que provavelmente tenham sido poucos segundos, era como seu eu tivesse agonizado por horas. Mas, de repente, de algum jeito, voltei rapidamente à verdade. O meu pensamento desanuviou quando considerei a minha esposa, a minha igreja e o meu chamado. Peguei a revista, joguei no lixo, saí do banheiro e fui encontrar a pessoa que estava viajando comigo.

Você pode pensar: Qual o problema? Para mim, abrir aquela única porta poderia ser o início da espiral mortal em que sucumbem tantos homens. "Pois os lábios da mulher imoral destilam mel; sua voz é mais suave que o azeite; mas no final é amarga como fel, afiada como uma espada de dois gumes. Os seus pés descem para a morte; os seus passos conduzem diretamente para a sepultura" (Provérbios 5.3-5). Para ser honesto, fui tentado. Pela graça de Deus, porém, recusei a tentação. Até hoje, estou convencido de que era uma cilada armada especificamente para mim.

Quem sabe você realmente não lute tanto com desejos sexuais. Quem sabe você pense que está realmente indo bem e ache que tudo está sob controle. Em 1Coríntios 10.12 lemos: "Assim, aquele que julga estar firme, cuide-se para que não caia!".

Esteja alerta para a tentação, mesmo que você *não se sinta* vulnerável.

O que seria um plano de batalha contra desejos lascivos? Embutir deliberadamente salvaguardas na vida. Por exemplo, todo uso da internet na nossa organização é filtrado e monitorado. Em casa, não compramos certas revistas — as femininas que trazem artigos e pesquisas sobre sexo, as masculinas que trazem pessoas com pouca roupa e propagandas veladas de "estilo de vida", ou as revistas de *lingerie* (para o caso de eu precisar passar meses à procura do ursinho perfeito para a minha esposa no dia dos namorados). Não aconselho mulheres. Se me reúno com uma funcionária, pelo menos uma porta fica aberta (muitas vezes duas), e outra pessoa deve estar presente, só para garantir. Não viajo sozinho e jamais com uma mulher, exceto a minha esposa, quer a trabalho, quer por qualquer outro motivo. Seja precavido. Proteja a sua integridade.

Precisamos lutar contra todos os nossos desejos cobiçosos; lutar para vencer. (Tanto que vamos tratar desse assunto de modo mais detalhado na Seção 4.) Precisamos vigiar sempre o nosso coração se quisermos controlar o nosso corpo.

Li certa vez sobre como um esquimó matou um lobo que estava assolando seu rebanho. Ele mergulhou uma faca afiada em pouco de sangue animal e a congelou. Depois foi repetindo o processo, depositando sangue congelado na faca, camada sobre camada. Então fincou aquele "picolé de sangue" firmemente no chão pelo cabo, com a lâmina para cima.

O lobo chegou, farejou o sangue e começou a lamber. Lambeu e lambeu, e o sangue congelado anestesiou sua língua. Até que ele passou a lamber a lâmina. Mas o sangue quente da língua misturava-se com o sangue da faca, por isso o lobo não conseguiu distingui-los. Ele simplesmente continuou lambendo, até sua língua ficar dilacerada. Quando percebeu o que havia feito, era tarde demais. Tombou e sangrou até a morte, bem ao lado da armadilha.

É exatamente isso que a cobiça pode fazer numa vida. "Não cobice em seu coração a sua beleza nem se deixe seduzir por seus olhares [...] Pode alguém colocar fogo no peito sem queimar a roupa? Pode alguém andar sobre brasas sem queimar os pés?" (Provérbios 6.25, 27,28).

O que parece agradável, prazeroso e fácil é, na realidade, um laço armado para tirá-lo do combate.

2.5
Desafie o leão

Certa noite, lá pelas dez horas, o meu cachorro estava agitado lá fora, e as crianças vieram me chamar.

— Papai! Achamos que Sadie pegou alguma coisa lá fora!

Humm, quem sabe um gato? Pensei e sorri comigo.

Talvez você não conheça este fato ao meu respeito, mas os gatos não gostam de mim (provavelmente porque é raro eu encontrar alguma coisa boa para falar a respeito deles). Você já teve um gato por perto? O que ele faz? Ele esfrega egoisticamente seu desprezível corpo de gato na sua perna, depois levanta o rabo enquanto anda, dando a você uma visão explícita de seu traseiro de gato. Nojento em todos os sentidos. Além disso, as Escrituras dizem que Satanás ronda rugindo como um leão, ligando Satanás diretamente à família dos gatos. Assim, a ideia do nosso cão encurralando um gato trouxe uma pequena fagulha de alegria a uma noite que, do contrário, seria pacata.

— Calma, crianças — falei, tranquilizando-as. — E fiquem longe das janelas. Papai vai cuidar disso.

Armado com os meus *tchacos* e um aplicativo de farolete no iPhone, segui para fora numa missão de busca e destruição. Verifiquei a situação e realmente Sadie havia encurralado não o gato doméstico do vizinho, mas um lince pardo. Quase um leão da montanha, uma criatura grotesca de rosnado furtivo e inteligência traiçoeira. Outro bom motivo para eu odiar todos os gatos.

Já que eu não conseguia alcançar a fera com os *tchacos* e também não estava disposto a cortar a árvore naquela hora, resolvi apenas guardar um retrato. Firmei o meu iPhone e tirei uma foto dele com seus pequenos olhos redondos brilhando malignamente no escuro. Então, *zás*! Num átimo, a coisa se materializou no meu quintal. O monstro felino saltou de seu galho para o chão, a poucos passos de mim.

Claro que não fiquei com medo. Fiquei com pavor. Tenho 87% de certeza de que não soltei uma praga, mas 100% de certeza de que *pensei* numa maldição.

Felizmente, o meu treinamento ninja valeu e, antes mesmo de entender o que acontecia, eu estava dentro de casa com as portas trancadas, cortinas baixadas e todas as luzes acesas, as crianças amontoadas à minha volta e todos gritando, enquanto Amy só dizia:

— Mas o que está acontecendo?

E todos nós num único berro:

— Manhêêêêê!

Então me lembrei de que Sadie ainda estava lá fora. Ainda bem que ela sobreviveu para continuar caçando gatos do mato em outros dias.

A minha história de leão pode ser um pouco diferente da de Sansão, mas pelo menos tenho uma.

Além disso, tudo o que Sansão fez é o que farei na próxima vez em que tiver a mesma chance: ele rasgou o leão com as próprias mãos.

A história continua: "Sansão foi para Timna com seu pai e sua mãe. Quando se aproximavam das vinhas de Timna, de repente um leão forte veio rugindo na direção dele. O Espírito do Senhor apossou-se de Sansão, e ele, sem nada nas mãos, rasgou o leão como se fosse um cabrito. [...] Algum tempo depois, quando voltou para casar-se com ela [a mulher filisteia], Sansão *saiu do caminho* para olhar o cadáver do leão, e nele havia um enxame de abelhas e mel.

Tirou o mel com as mãos e o foi comendo pelo caminho" (Juízes 14.5,6, 8,9, grifo nosso).

Mais uma vez, essa passagem é muito rica em lições para nós. Para começar, o único motivo pelo qual Sansão estava em condições de cometer mais erros era que ele continuava voltando para onde não deveria ter ido (atrás das saias filisteias). Contudo, a frase principal em que eu desejo que você se concentre é "Sansão saiu do caminho".

É muito comum estarmos focados em alguma tarefa e então sairmos do caminho. Mesmo que estejamos fazendo o que devíamos fazer — talvez *especialmente* quando estamos fazendo o que devemos fazer —, é raro terminar bem quando saímos do caminho.

Quando Sansão foi conferir o leão que havia matado, descobriu que abelhas tinham encontrado e enchido a carcaça de mel.

Então ele comeu o mel.

Isso é asqueroso.

Os homens são nojentos. Você sabe como um sujeito decide se a cueca no chão está limpa ou suja? Você já sabe a resposta dessa pergunta, não sabe? Ele cata e cheira. Alguns caras, mesmo que a cueca esteja suja, só a viram do avesso e usam de novo. Homens. São. *Nojentos*.

Mas eis a coisa mais importante que precisamos aprender nessa parte da história de Sansão: Qual foi *uma das três únicas coisas* que ele prometeu não fazer por ser nazireu?

"Não tocar em nenhum cadáver."

Nem é uma regra difícil de obedecer. Mas Sansão não só tocou de leve num cadáver: ele mergulhou as mãos na carcaça e *comeu dali*.

Nojento.

Para começar, com esse ato insensato e egoísta, Sansão traiu o próprio Deus que lhe havia dado o poder de rasgar o leão. E a troco de quê?

De dois punhados de mel.
Que tipo de idiota é tonto o suficiente para fazer uma coisa dessas?
Eu.
Você.
Você sabe que é verdade.
Os homens fazem coisas estúpidas todos os dias.

Traímos o nosso Deus, que nos abençoou, por coisas estúpidas, pecaminosas, que desejamos no momento; coisas que vão acabar ferindo a nós mesmos e àqueles que amamos.

A cobiça nos faz pensar: *Eu quero isso*.

A arrogância é aquela vozinha que pega o "Eu quero isso" e acrescenta: "E mereço".

Trabalho duro. Mereço um extra.

Tenho gastado um monte de dinheiro aqui nestes anos. Mereço alguma compensação.

Ninguém cuida das minhas necessidades, então faço o que posso.

A arrogância fornece combustível para a máquina da autojustificação. No entanto, se continuarmos dizendo a nós mesmos que merecemos ceder à tentação, acabaremos quebrados. E a quebradeira pode atingir tanto você como as pessoas à sua volta de maneiras que você nem tem coragem de imaginar.

2.6

Orgulho, não preconceito

Vamos recapitular os votos de Sansão:
Não se embebedar.
Não tocar nenhum cadáver.
Jamais cortar o cabelo.
Mamão com açúcar. Mas o que o Mister Músculos faz? "Seu pai desceu à casa da mulher, e Sansão deu ali uma festa, como era costume dos noivos" (Juízes 14.10).

Por que a festa? Contra os conselhos de todos os que o conheciam e mais o amavam, Sansão fez o que os homens fazem com muita frequência — exatamente o que *ele* queria fazer. O homem escolhido por Deus resolveu casar-se com uma garota que Deus lhe havia proibido de tocar. Visto desse jeito, parece bem estúpido, não parece? Isto é: Quem quer sair e fazer o oposto do que Deus manda fazer? Mas não somos diferentes de Sansão, quando avançamos sem freios e fazemos o que nos agrada.

Era evidente que aquele grandão estava totalmente empenhado em avançar. Assim, por um lado, a festa fazia todo sentido. Afinal, eles estavam planejando o casamento de Sansão. Mas a palavra *festa* nesse versículo é a palavra hebraica *mishteh*. Não era uma festa com chá e torradas. A palavra significa "bebida", "banquete". Um *mishteh*, por definição, é uma ocasião para beber. Sansão promoveu uma bebedeira para si. Ele chamou os companheiros e todos ficaram chapados.

Essa atitude diz o que muitos homens dizem: "Sou forte. Dou conta de alguns drinques". O problema neste caso, claro, é que ele não devia tomar *nenhum* álcool. De acordo com Números 6, os nazireus levavam seus votos tão a sério que não só se recusavam a beber vinho e bebidas fermentadas, como não bebiam nenhuma outra bebida feita de suco de uvas nem comiam uvas frescas ou passas.

E aí temos o sr. Eu Tiro de Letra montando suportes para os barris.

Eu quero.

Eu mereço.

Eu tiro isso de letra.

Antes de julgarmos Sansão, sejamos honestos. Quantas vezes você já viu um sujeito forte tornar-se fraco exatamente assim? Ele pensa: *Um gole não vai me matar.* Ou: *Só vou tomar um desses comprimidos para ver como é.* Ou: *Vou ficar só para um drinque.* Ele pensa: *Sei lidar com isso.* Contudo, antes que perceba, alguma substância está lidando com ele.

Talvez você seja esse cara.

Talvez você não tenha problema com essas substâncias. Talvez você seja o cara que pensa: *Belo carro! Eu podia ter um.* Ou: *Alguém falou em lancha?* Ou: *Esta casa simplesmente já não comporta a nossa família.* Você pensa: *É verdade que vou ficar apertado por um tempo. Mas vai valer a pena. Além disso, eu mereço. Dou conta dos pagamentos. Posso lidar com isso.* Só que, depois de um tempo, aquele novo automóvel já não tem "cheiro de carro novo". Os débitos se acumulam aos poucos todos os meses e, em vez de desfrutar das posses, você começa a sentir que são as coisas que têm a posse da sua vida. Você não é o patrão: você trabalha para *elas*.

Conheço vários homens que não se preocupam em ter mais coisas. No entanto, quando uma garota bonita chega desfilando num vestidinho de fendas... *Aaah, sei que não devia olhar, mas eu quero!*

Ou o rapaz cristão diz para a namorada: "Fica. Só mais um pouquinho. Vamos nos abraçar só com as peças íntimas e... conversar". Ou pensa: *Só vou olhar desta vez. Posso apagar o histórico da internet. Quem vai saber? Será a última vez. Juro.* Esses caras caem na armadilha do "Eu quero. Além disso, sou um cara legal. Mereço um pouco de alívio sexual, um pouco de prazer, um pouco de diversão. É só uma vez. Não vou machucar ninguém. Posso lidar com isso". E, antes que você perceba, "lidar com isso" é *exatamente* o que você está fazendo.

Em outro capítulo, vamos entrar nos detalhes de onde Sansão foi parar. (Alerta do estraga-prazeres: não é um bom lugar.) Por causa da mão de Deus sobre ele e com o Espírito divino lhe dando força desde o momento em que nasceu, Sansão deve ter sido o homem mais forte de todos os tempos. Entretanto, por desperdiçar o favor divino com suas atitudes — cobiça, arrogância, orgulho —, ele terminou sob pedras. Os inimigos arrancaram seus olhos e desfilaram com ele feito animal de circo, para uma diversão perversa.

O homem que já havia matado milhares usando nada mais que a mandíbula de um jumento e a força bruta, lá estava rendido, humilhado, privado de seus valiosos cabelos longos. Ele podia ter transformado o mundo. Era escolhido. Podia ser uma arma para o Reino de Deus. *Devia* ter sido. Em vez disso, sua vida é um rodapé da história, uma vinheta de advertência. O próprio Sansão escolheu seu ponto final ao trair o Deus que o amou.

E você tem a mesma escolha.

Se você cair nos esquemas do nosso inimigo, como Sansão, estou dizendo que acabará exatamente como ele? A minha esperança, claro, é que não. Mas pode ser pior. Sério. É só pensar no que *pode* acontecer.

Se você perder a luta contra a tentação, negando o chamado de Deus para a sua vida, ignorando os dons que ele lhe deu, vivendo para si mesmo e não a favor daqueles pelos quais ele deseja que você se coloque na fenda, pode até ser pior. Na realidade, nem é difícil imaginar. Você está na casa dos 40, 50 ou 60 anos. Olha para trás e vê um (ou mais de um) casamento falido e cai em si, tarde demais: *Idiota! Boa parte disso foi culpa minha. Por que não fiz alguma coisa enquanto dava? Por que não me empenhei? Por que não batalhei? Por que não falei a verdade? Não pedi ajuda? Não confessei os meus pecados? Tenho de viver o resto da vida com esse remorso.*

Conheço muitos homens que agora têm filhos criados, mas eles não virão para o Natal. É esse o rumo que você está tomando? Os meninos não só perderam o respeito por você, como nem querem estar na sua presença? O que você fará *agora* para impedir que isso aconteça *amanhã*? Você tem peito? Você tem fibra para ser um homem de Deus?

Talvez você esteja apavorado. Você vem carregando segredos e não vê saída. Deixe-me, porém, compartilhar uma grande verdade da Palavra de Deus. Em Lucas 12.2,3, Jesus disse: "Não há *nada* escondido que não venha a ser revelado, nem oculto que não venha a se tornar conhecido. O que eu lhes digo na escuridão, falem à luz do dia; o que é sussurrado em seus ouvidos, proclamem dos telhados" (grifo nosso).

É verdade.

Isso vai acontecer.

Você prefere controlar essa conversa, ou esperar que isso aconteça *com* você?

É muito melhor confessar os seus pecados e desfrutar do perdão do que ser pego neles. Pode chegar um tempo em que a sua vida privada se tornará pública, e você terá pavor de encontrar alguém por estar humilhado demais pelos próprios atos. Não adianta pôr panos quentes, meu caro: é para esse lado que o pecado conduz.

E você sabe disso.

Claro, não precisa ser desse jeito.

Se você optar por seguir Cristo, há uma grandeza espiritual dentro de você, uma força para seguir em frente e não ficar prostrado. O poder divino na sua vida significa que, não importa o que tenha acontecido, você pode ser transformado. Você pode ser novo. Pode fazer diferença neste mundo. Você pode ser um homem de Deus. Você pode ser bom marido. Você pode ser bom pai. Não importa o que tenha acontecido no passado, você pode ser um homem de Deus. No entanto, é preciso continuar lutando. Você não pode desistir.

Você precisa parar de tentar fazer isso com as próprias forças, porque o nosso inimigo espiritual, Satanás, é especialista em enfraquecer os fortes.

Felizmente, e não se esqueça disso, o nosso bom Deus é especialista em tornar fortes os fracos.

E Deus está com você. E ele luta *por* você.

O Deus a quem servimos realmente ama tornar fortes os fracos. Paulo nos diz em 2Coríntios 12.9,10: "Mas ele [o Senhor] me disse: 'Minha graça é suficiente para você, pois o meu poder se aperfeiçoa na fraqueza'. Portanto, eu me gloriarei ainda mais alegremente em minhas fraquezas, para que o poder de Cristo repouse em mim. Por isso, por amor de Cristo, regozijo-me nas fraquezas, nos insultos, nas necessidades, nas perseguições, nas angústias. Pois quando sou fraco é que sou forte".

Já falamos das atitudes que enfraquecem os fortes. A cobiça diz: "Eu quero". A arrogância diz: "Eu mereço". E o orgulho diz: "Eu tiro isso de letra". Mas podemos virar a mesa. Depois que temos nas mãos os planos de batalha do inimigo, podemos dar o contragolpe e obter vitória (2Coríntios 2.11).

O nosso inimigo quer tirar você de campo, usando o egoísmo e a vergonha. O truque dele é fazê-lo trocar o poder dado por Deus pelas coisas que tentam os seus apetites carnais. No entanto, se conseguirmos ser homens de verdade, se simplesmente admitirmos que somos fracos e vulneráveis, que precisamos da força e da presença de Deus, ele nos redimirá e nos saciará, dando-nos propósito e significado.

Você pode ser um homem de força espiritual, um homem íntegro, um homem de coragem. Você pode ser um homem que defende os indefesos. Pode ser um homem que serve a esposa e a família. Pode ser um homem que se dá aos outros de maneira altruísta.

Você pode ser esse homem.

Um guerreiro.

2.7

O fraco é o novo forte

Certa vez, eu estava tentando retirar cerca de 30 centímetros de neve compacta da entrada de casa para sair de carro e chegar até a igreja onde iria pregar. Sabendo que a tarefa não era pequena, comecei algumas horas antes.

Com toda a minha força, sem parar, eu empurrava a pá contra a neve. Para abrir caminho pela neve endurecida, era necessário um esforço consideravelmente maior do que havia imaginado. Depois de meia hora, começaram a surgir bolhas nas mãos, as costas começaram a doer e o rosto começou a ficar vermelho, em parte por causa do ar frio, mas principalmente por causa da frustração. Uma hora mais tarde, eu tinha limpado só um décimo do que precisava para tirar o carro da garagem.

Foi quando o meu vizinho chegou motorizado, sorridente, alegre em seu trator, movendo a neve como uma criança brincando na caixa de areia. "Precisa de ajuda?", ofereceu de maneira bondosa (e miraculosa). (Anjos cantaram no céu. Não os que tocam harpas despidos. Estou falando dos massudos, dos anjos tipo arcanjo Miguel, fantásticos, cantando com voz de barítono.) Em menos de 15 minutos, o meu acesso e metade da rua estavam limpos — nem um floco de neve sobre o concreto.

Fiquei pasmado com o contraste. A minha pá e a minha força limitada. Ou um trator e a força de um condutor experiente. As batalhas da vida funcionam do mesmo jeito. Você pode lutar usando os seus poderes limitados. Ou pode tirar proveito do Deus onipotente e ilimitado que deseja ajudá-lo a vencer cada batalha pelas causas dele. Veja como funciona:

1. *Transforme o "Eu quero isso" em "Eu quero Deus".* Qualquer que seja o seu "isso", assim que você começar a sentir aquele tranco, aquela força da gravidade puxando-o para o "Eu quero isso", segure-se. Resista ao impulso. Capture esses pensamentos e os obrigue a serem obedientes a Cristo (2Coríntios 10.3-5). O que você realmente deseja é Deus — sua força, seu poder diário, sua Palavra vivendo dentro de você. Você deseja que ele ordene os seus passos. Você deseja que seu Espírito o convença quando estiver pecando, corrigindo-o, guiando-o nas veredas da justiça (João 16.7-8; Hebreus 12.6; Salmos 23.3). Alguns dizem que Deus é a muleta dos fracos. Com certeza! Sou fraco. Quero Deus. Preciso de sua força. E você também.
2. *Transforme o "Eu mereço isso" em "Eu mereço a morte".* Radical? Pode ser. Mas sabe de uma coisa? Isso é guerra. E, quando o que está em jogo é a vida eterna — a sua e a dos outros —, fazemos o que precisamos, seja o que for. Somos homens perversos que pecamos contra um Deus santo. O salário pelo nosso pecado é a morte (Romanos 6.21-23). Merecemos a morte. Este universo é de Deus. Nós apenas vivemos nele. Deus não nos deve nada. Nós devemos tudo a ele. O que você fez? Nada. Ele fez tudo. Tudo o que você tem, você deve a ele. Quando ainda éramos pecadores, Deus enviou seu Filho para nos salvar e nos perdoar (Romanos 5.6-8). Se formos humildes o suficiente para admitir a verdade, isso deve nos fazer curvar diante de um Deus santo, dizendo: "Eu não *preciso* servi-lo. Eu *quero* servi-lo".
3. *Transforme o "Eu tiro isso de letra" por "Eu não consigo administrar nada sem Deus".* Se você não é cristão, agora é o momento

de invocar a Deus. Como você está se saindo sem ele? Peça a Cristo que o perdoe e seja o seu Salvador, o seu Senhor. Você não consegue resolver nada sem ele. Se você é cristão, lembra-se de como era a sua vida antes de chegar a Cristo? Eu me lembro. E vou dizer uma coisa: eu simplesmente era incapaz de ser justo. O melhor que eu conseguia fazer por mim mesmo era vergonhoso diante de Deus (Isaías 64.6; Filipenses 3.7-9). *Preciso* de Deus. Toda vez que você sentir aquele orgulho se esgueirar, aquele "Eu tiro isso de letra", lembre-se do que merecemos: a morte. Não conseguimos resolver nada sem Deus.

De novo, eu pergunto: Com que tipo de força você quer lutar? Com a sua força irrisória? Ou com o poder ilimitado e incomparável de Deus?

Você é fraco.

Deus é forte.

A força dele é aperfeiçoada na sua fraqueza.

Satanás adora tornar fracos os fortes.

Deus adora tornar fortes os fracos.

Você vai permitir?

SEÇÃO 3

CONDUZIDOS PELO ESPÍRITO, NÃO ARRASTADOS PELAS EMOÇÕES

★ ★ ★ ★ ★

Os sentimentos são como ondas.
Não podemos impedi-las de vir, mas podemos escolher em qual delas surfar.
Jonatan Mårtensson

3.1
Conduzidos pelo Espírito, não arrastados pelas emoções

Nós, homens, não gostamos de nos considerar emocionais. As mulheres são emocionais; nós não. Somos fortes; somos lógicos; pensamos. A verdade é que todos os humanos são seres emocionais. E isso é bom. Deus nos criou com capacidade de nos emocionar, de modo que ter emoções não é uma desvantagem. *Sentir não é pecado.* Não podemos evitar sentir o que sentimos. Quando permitimos que essas emoções dirijam os nossos atos, é que criamos problemas.

Por exemplo, sou adulto, mas às vezes você não perceberá isso olhando o meu comportamento. Há alguns anos, tínhamos o escritório da igreja num pequeno centro empresarial. Certo dia, pela janela da minha sala, percebi que começava a se formar um grande grupo de colegiais. De repente, dois meninos começaram a se bater. A intensidade da raiva deles propagou-se como ondas de calor pela área.

Então, o que *eu* fiz? Chamei os outros pastores: "Briga! Briga!" e saí correndo para ver. Deus é testemunha de que por trinta segundos completos fiquei ali agindo como se estivesse num evento de UFC. Um rapaz levava vantagem evidente em tamanho e peso. Decidi que ele era o Instigador. Mas o outro rapaz — o Azarão na minha cabeça — era rápido e ágil, esquivando-se dos golpes e encaixando alguns socos rápidos. Em geral, rivalizavam bem.

Então lembrei: "Craig, você é adulto. Você é pastor. Você não incentiva brigas. Você as impede". *Ah, sim.* Então corri até os lutadores e agarrei um deles. Eu estava puxando o menino para fora quando me ocorreu: *Se todos esses meninos se virarem conta mim, a coisa pode ficar bem ruim.* Felizmente um garoto gritou: "É o pastor Craig! Corram!". E foi o que eles fizeram.

O que há de tão hipnotizador em ver alguém brigando? O meu coração estava acelerado e a adrenalina correndo pelas minhas veias, e eu poderia da mesma forma estar perseguindo uns caras com a nossa Veraneio ou fazendo frente a Bo Talbot no *playground*. Eu estava eletrizado! Mas então, graças a Deus, a voz da razão — também frequentemente conhecida como o Espírito Santo — lembrou-me de algo mais importante do que como eu me sentia: quem eu sou.

Não um mero guerreiro, mas um guerreiro de Deus.

3.2
Atirar primeiro

Ainda que tanto homens quanto mulheres tenham emoções, nós as processamos de maneira diferente. Em termos gerais, as mulheres falam, enquanto os homens agem. Na maioria das vezes, quando uma mulher está aborrecida com alguma coisa, ela fala a respeito. Fala, fala e fala. A maioria dos homens não faz isso. (Li um artigo que dizia que os homens falam em média 700 palavras por dia, enquanto as mulheres falam 20 mil — podendo chegar a 30 mil!) Quando ficamos frustrados, quando algo está para ruir... os homens agem.

Às vezes, quando precisa processar algumas emoções difíceis, Amy convida uma das amigas para conversar (em geral por horas). Nunca me aconteceu de um cara ligar para mim dizendo: "Ei, Craig, será que você pode passar aqui em casa e ficar sentado no meu sofá metade do dia tomando um chá para a gente conversar?". Se um sujeito me fizesse esse convite, já teríamos deixado de ser amigos há muito tempo.

Para a maioria dos homens, falar parece não resolver nada. "Fazer" resolve. O problema é que, se deixamos que as emoções nos levem a fazer alguma coisa, com frequência se trata de algo que não devíamos fazer.

A dificuldade que a maioria de nós enfrenta é que só agimos com base nas emoções. Quando somos arrastados pelas emoções, isso nos leva a fazer coisas que não vêm de Deus. Isso *nunca* acontece quando somos conduzidos pelo Espírito. Se você realmente quer fazer o que é certo, deixar que as emoções tomem o controle raramente servirá para levá-lo ao resultado desejado.

Não sei como isso funciona na sua casa. Talvez você queira envolver-se mais com as crianças. Mas você dá duro o dia inteiro e, quando chega em casa, está mentalmente esgotado e emocionalmente morto. O caminho da menor resistência é sempre atraente. Você resolve sentar-se um minutinho para ligar a tevê. Trinta minutos se estendem para uma hora, que se arrastam por quatro e, antes que você perceba, é hora de ir para a cama. O pior? Isso nem é o que você queria fazer.

Talvez você vacile e diga alguma estupidez, algo que você nem mesmo pensava. Você sabe que devia pedir desculpas, mas raciocina: "Cara, se você abrir aquela porta, nem imagina tudo o que pode sair voando de lá". Ou você é dominado pelo seu espírito de arrogância — "Não sou *eu* quem deve pedir desculpas. *Ela* é que ficou brava" —, e o seu orgulho o impede de fazer o que o seu coração sabe que é certo. Isso é ser arrastado pelas emoções, não conduzido pelo Espírito.

Talvez não tenha sido você quem fez algo estúpido, mas alguém perto de você. Quando está na boa, você é um cara legal. Ninguém *quer* explodir de raiva. Mas, naquele momento, parece que você não tem como evitar. Aquele vulcão interior entra em erupção, e você se torna um tipo de espectador vendo tudo acontecer.

É como se você entrasse no automático — o impulso de lutar ou fugir — e, para sentir-se "macho de verdade" (de acordo com os padrões culturais, não necessariamente divinos), a maioria dos homens escolhe lutar.

Sim, tenho convicção de que Deus criou a nós, homens, para sermos guerreiros — razão ainda maior pela qual precisamos ser conduzidos por seu Espírito. Precisamos saber escolher qual, quando, onde e como lutar. Precisamos lutar pelo que é certo. É por isso que não podemos confiar nas nossas emoções como guia. É como decidir atirar primeiro, estando com os olhos vendados. Você está reagindo quando nem consegue enxergar o alvo para mirar direito.

Paulo descreve essa tendência em Romanos 7.15,19: "Não entendo o que faço. Pois não faço o que desejo, mas o que odeio [...] Pois o que faço não é o bem que desejo, mas o mal que não quero fazer, esse eu continuo fazendo".

Por que nos entregamos aos instintos que geram resultados que desprezamos? Porque nos deixamos ser arrastados pelas emoções, não conduzidos pelo Espírito. Felizmente, em Gálatas 5.16,17, Paulo oferece uma solução para o conflito: "Vivam pelo Espírito, e de modo nenhum satisfarão os desejos da carne. Pois a carne deseja o que é contrário ao Espírito; o Espírito, o que é contrário à carne. Eles estão em conflito um com o outro, de modo que vocês não fazem o que desejam".

Sermos conduzidos pelo Espírito é escolha nossa. Permitimos que o Espírito de Deus nos conduza e então seguimos para onde ele nos dirige.

Simples, certo?

Bem, provavelmente todos nós já sabemos o que *deveríamos* fazer.

A realidade, porém, é que muitos homens acabam fazendo o que *não deviam* quando permitem que as emoções os dirijam.

3.3

Resolva esta charada

Sansão estaria no pôster original dos *emo-boys*. Ao examinar sua história, observe o que acontece quando ele deixa que os sentimentos dirijam suas ações em vez de seguir a orientação de Deus. Lembre-se: Sansão tinha resolvido casar-se com uma filisteia. Havia muita coisa errada nesse cenário, mas provavelmente o maior problema era que ela cultuava deuses falsos. Como já vimos, porém, isso não deteve Sansão. Ele não se importava com o que Deus ou os pais diziam. Ele viu a mulher, desejou-a e acabaria por tê-la.

Na última vez em que vimos Sansão, ele tinha acabado de comer um pouco de mel tirado da carcaça de um leão e estava prestes a completar a refeição com algumas bebidas de gente grande em sua despedida de solteiro. Lá estavam mais trinta rapazes, todos filisteus, inimigos de Israel que, na realidade, o odiavam. (Mas numa festa todo mundo é amigão, certo?) Sansão resolve que vai se divertir um pouco com eles e diz: "Vou propor um enigma a vocês".

Infelizmente, Sansão é um fanfarrão típico, o que significa que ele não consegue se divertir sem entrar numa competição. E qual a melhor maneira de tornar mais interessante a competição? Adivinhou: uma aposta. Sansão acrescenta: "Se vocês puderem dar-me a resposta certa durante os sete dias da festa, então eu lhes darei trinta vestes de linho e trinta mudas de roupas. Se não conseguirem dar-me a resposta, vocês me darão trinta vestes de linho e trinta mudas de roupas" (Juízes 14.12,13).

Como tantos que você deve conhecer, o simples fato de Sansão ser capaz de levantar uma carreta de bois não significava que ele fosse bom de matemática. Ele está lidando aqui com trinta sujeitos. Se ele ganhar, cada um precisa entrar só com uma roupa. Mas, se ele perder, precisa entrar com *trinta* roupas. (É provável, claro, que Sansão nem tenha cogitado perder: nenhum sujeito entra num jogo se não acreditar que vai ganhar.)

Eis o enigma: "Do que come saiu comida; do que é forte saiu doçura" (v. 14).

Você e eu sabemos exatamente sobre o que ele estava falando porque temos informações que os amigos filisteus da festa não tinham. Sabemos que Sansão destruiu um leão ("o que come" e o "forte") e que mais tarde ele comeu o mel que saiu daquele corpo ("comida" e "doçura"). Obviamente, o motivo pelo qual ninguém mais sabia disso é que Sansão *não queria* que ninguém soubesse: significava revelar que havia violado dois de seus três votos de nazireu que assumira perante Deus. Sansão lhes propôs esse enigma, mas, dizem as Escrituras, "Durante três dias eles não conseguiram dar a resposta".

Claro que ficaram realmente incomodados por não resolverem a charada. O que fizeram a seguir era previsível, ainda que insano e perverso. Eles eram conterrâneos da noiva de Sansão e sentiam que ela os estava traindo por permitir que aquele israelita desmiolado lhes fizesse de bobos. Então, chegaram para ela e disseram: "Convença o seu marido a explicar o enigma. Caso contrário, poremos fogo em você e na família de seu pai, e vocês morrerão".

Soa razoável.

A noiva de Sansão recorreu diretamente à opção termonuclear, a maior arma de todas as mulheres: ela chorou. Na dúvida, chore. (Sempre funciona comigo — e com a maioria dos guardas de trânsito.)

"Você não me ama!", ela choramingou.

Ela ficou nisso por sete dias, até que Sansão sucumbiu e revelou o segredo que levou ao versículo 18: "Antes do pôr do sol do sétimo dia, os homens da cidade vieram lhe dizer: 'O que é mais doce que o mel? O que é mais forte que o leão?' ".

Sansão ficou furioso. Em sua mente, não havia dúvidas de como eles tinham chegado à resposta. Afinal, a noiva era a única pessoa que sabia. "Sansão lhes disse: 'Se vocês não tivessem arado com a minha novilha, não teriam solucionado o meu enigma'."

Gostaria de saber se isso era um tipo de frase popular na época de Sansão, uma frase com um significado mais profundo como "Não se pode julgar um livro pela capa". Fui pesquisar em hebraico e eis o que *realmente* significa: "Se vocês não tivessem arado com a minha novilha, não teriam solucionado o meu enigma".

Encontro dois princípios que todos nós podemos aprender com essa frase; duas lições que eu gostaria que você internalizasse:

1. Nunca permita que alguém "are" a sua esposa.
2. Nunca chame a sua esposa de novilha.

Estou casado há quase duas décadas e meia, de modo que você pode confiar em mim. Ambos os conselhos são sólidos como rocha.

3.4
Administração da ira

Sansão deixa para trás uma oportunidade após outra de reagir às circunstâncias de acordo com a inspiração do Espírito Santo. O erro que ele insiste em cometer é deixar-se conduzir pela emoção e não pelo Espírito. No versículo 19, lemos: "Então o Espírito do SENHOR apossou-se de Sansão. Ele desceu a Ascalom, matou trinta homens, pegou as suas roupas e as deu aos que tinham explicado o enigma. Depois, *enfurecido*, foi para a casa do seu pai" (Juízes 14.19, grifo nosso).

Assim, basicamente, logo depois de perder a aposta, Sansão foi percorrer uma cidade das redondezas para fazer comprinhas. Ele pegou um inocente que por acaso estava vestido, matou-o e tomou suas roupas. Depois de matar o trigésimo homem, voltou à festa com todas as roupas deles e as entregou como pagamento da dívida do jogo. Por fim, saiu da própria festa de noivado "enfurecido" e voltou para casa em Zorá.

O evento seguinte pode parecer um tanto estranho para nós hoje: "A mulher de Sansão foi dada ao amigo que tinha sido o acompanhante dele no casamento. Algum tempo depois, na época da colheita do trigo, Sansão foi visitar sua mulher e levou-lhe um cabrito. 'Vou ao quarto da minha mulher', disse ele. Mas o pai dela não quis deixá-lo entrar. 'Eu estava tão certo de que você a odiava', disse ele, 'que a dei ao seu amigo'." (14.20—15.2).

Você leu certo. Enquanto Sansão estava ausente da festa de noivado para as miniférias assassinas (e quem sabe quanto tempo é necessário para matar trinta homens, arrancar as roupas deles e voltar?), o pai da noiva ficou incomodado com o desaparecimento do genro. Naquela época, não seria incomum dizer: "Bem, ela está na idade de casar e o noivo não apareceu. Então vou dá-la para outro homem". E foi exatamente isso o que fez o pai.

As Escrituras não nos dizem no que Sansão estava pensando, mas, ao que parece, devia ter passado um tempo significativo, já que ele só voltou "na época da colheita do trigo". E, como não sabemos quando começou a festa do noivado, não sabemos quanto tempo havia transcorrido.

Mesmo conhecendo os precedentes de como Sansão era esquentado, você na verdade não conseguiria adivinhar o que ele faria em seguida. Se você pensou que ele era maluco quando foi embora lá atrás, ainda não viu nada. Ao saber que o sogro havia dado sua noiva a outro, Sansão foi tomado de raiva. Ele pegou trezentas raposas, amarrou-as em pares pela cauda, com uma tocha entre elas, acendeu as tochas e em seguida as soltou nas plantações dos filisteus. Eles perderam tudo: grãos, vinhas e olivais.

Por se tratar de uma sociedade agrícola, esse único ato de destruição arruinou a economia dos filisteus. Agora era a vez de eles ficarem com raiva. Quando descobriram que Sansão era o responsável pela tragédia, uma multidão enraivecida tomou de assalto a casa do pai da noiva e então a queimaram junto com a filha, matando-os. Exatamente como vemos acontecer com muitos outros homens, aqui há mais um exemplo de como os impulsos de Sansão, arrastados pela emoção, lhe custaram tudo o que ele prezava.

Para uma porção de homens, a raiva é uma emoção automática. Pense nisso. Quando alguém nos constrange, raramente nos sentimos *apenas* constrangidos. Na maior parte das vezes, esse constrangimento também nos deixa com raiva. *Ninguém vai me fazer de trouxa. Eles vão se arrepender de terem mexido comigo.*

Se uma mulher bate o dedão na cadeira, ela pode sentar-se na mesma cadeira e massagear o pé. Mas, se um homem topa com uma cadeira, o que ele faz? Ele chuta a cadeira *de novo*. "Sai daqui, cadeira desgraçada!" (E essa é a versão açucarada do que a maior parte dos homens diria à cadeira.) Isso acontece porque, quando os homens têm alguma experiência negativa, a raiva costuma ser a resposta automática.

Para começar, por que Sansão precisava estar bravo? Vamos recapitular a sequência dos fatos:

Sansão é quem vai atrás da mulher errada.

É ele quem resolve casar-se com essa mulher.

É ele quem ignora o conselho dos pais e a sabedoria de Deus.

É ele quem faz troça dos filisteus com uma charada.

É ele o único que conhece o próprio segredo.

É ele quem entrega o segredo.

É ele quem larga a esposa junto ao altar para matar um punhado de homens.

É ele quem põe fogo nas plantações.

Sansão estava bravo com todo mundo, mas na realidade quase tudo o que aconteceu *era por culpa dele mesmo*. Em qualquer ponto, Sansão poderia ter recuado, mesmo que só um pouquinho. Se ele tivesse tirado um segundo para esfriar a cabeça, talvez até conseguisse reverter as coisas. Em lugar disso, vez após vez, intensifica cada situação, forçando os outros a reagir.

E você? Você se identifica com Sansão? Você já ficou com raiva de tudo e de todos? Você é a vítima. A vida não é justa. Por que você não tem as oportunidades que os outros parecem ter?

Quanto disso você acha que poderia ser *você*?

Você já pensou: *Odeio o meu chefe. O meu trabalho não leva a nada?* Na realidade, você se sentiu frustrado porque não terminou a faculdade ou porque aceitou um emprego que sentia estar aquém das suas capacidades? É possível que, na verdade, você esteja bravo consigo mesmo e apenas jogando isso nas costas de alguém?

Você já pensou: *A minha esposa não vai suprir as minhas necessidades físicas?* Na realidade, faz meses que você não supre nem uma das necessidades emocionais dela. Talvez você devesse reconhecer que a indiferença dela é uma consequência natural das suas ações.

Você já pensou: *Estou com muita raiva de Deus. Eu não devia ser obrigado a passar por isso. Eu não pedi esta vida!* Na realidade, você pode estar nessa situação em que se encontra agora por causa das suas próprias decisões insanas, mas está acusando Deus.

Ouça, eu já passei por isso. Tive cada um desses pensamentos em diferentes épocas da vida. E por quê? Porque estava me deixando conduzir pela ira, em vez de permitir que o Espírito Santo me dirigisse.

De que maneira a raiva tem dirigido a sua vida? Você vai dar nomes aos bois? Vai admitir que precisa de ajuda? Que precisa de perdão? Talvez seja hora de pedir ajuda para alguns amigos: "Você pode orar por mim? Posso prestar contas para você? Você pode jogar só um pouco de basquete comigo para eu me sentir melhor batendo em alguém?".

Visualize cada pessoa que foi atingida pela sua raiva. Você é homem o suficiente para pedir desculpas? Para confessar a sua parte? Para arcar com a responsabilidade dos próprios atos? Talvez seja hora de pensar um pouco no que falar para eles.

Para a sua esposa: — Querida, estou descarregando as minhas frustrações em você. Sinto muito.

Para os seus filhos: — Crianças, não tenho tratado vocês como deveria. Não estou conseguindo lidar com a minha raiva. Não foram vocês que erraram. Fui eu.

Para os seus amigos: — Eu só apareço quando preciso de alguma coisa. Não estou presente quando vocês precisam de mim. Não tenho sido um bom amigo.

Então siga para a parte mais difícil: — Você me perdoa, por favor? Sei que não mereço. Mas eu ficaria muito agradecido. Você pode me perdoar?

Você será tentado a se explicar, a justificar os atos.

– As coisas estão muito difíceis esses dias.

— Ando muito estressado.

— Se *você* ao menos tivesse...

Não faça isso. Lute contra a tentação de dar desculpas. Admita o seu erro. Arque com o que *você* pode fazer para provocar uma mudança.

— Eu não tenho tratado você com honra e respeito. Quero ser fiel como homem de Deus. Quero ser conduzido pelo Espírito, não ser arrastado pelas emoções.

A ira era um dos problemas de Sansão, como ocorre com muitos homens. No entanto, a ira possui irmãos igualmente letais: o orgulho e o desespero.

3.5

Brandindo queixadas

Depois que os filisteus mataram sua noiva e seu sogro, Sansão matou um punhado dos homens de lá e jurou continuar a vingança. Assim, em Juízes 15.9, uma horda de filisteus saiu à procura de Sansão, montando acampamento perto de Leí, na terra de Judá. A irresponsabilidade de Sansão acabou colocando seu povo, a tribo de Leví, em terreno realmente minado. Lembre-se: à parte o que os israelitas pensavam dos filisteus, eles ainda eram os governantes. Assim, Sansão fingiu render-se a seu povo, permitindo que eles o entregassem aos filisteus. Na realidade, porém, só estava fazendo jogo duplo. Ele se valeu da força — uma dádiva de Deus — para prosseguir em sua furiosa campanha de vingança. Ele deixou que os israelitas o amarrassem e, então, quando os filisteus vieram buscá-lo, arrebentou as cordas que o prendiam e, "encontrando a carcaça de um jumento, pegou a queixada e com ela matou mil homens" (15.15).

Pense em quanta empáfia havia nisso. Era como o UFC mil vezes anabolizado, canalizando o poder de Deus. Não tenho dúvidas de que num bom dia eu poderia cuidar sozinho dos três adolescentes (os três franzinos que estavam apontando o dedo para mim, claro). Se eu tivesse os *tchacos*, poderia acabar fácil com meia dúzia. Mas dez? Pouco provável. Cinquenta? Jamais!

Quando Sansão matou mil inimigos, não havia dúvidas de que o poder de Deus é que possibilitava aquilo. Todo crédito devia ir para Deus. Com Deus, nada é impossível. Se é o que Deus deseja que se faça, acontecerá no poder dele. Mas, no versículo 16, Sansão recebe todo o crédito: "Com uma queixada de jumento [*eu*] fiz deles montões. Com uma queixada de jumento [*eu*] matei mil homens" (grifo nosso).

É claro que há outra palavra para jumento, de modo que os tradutores da Bíblia estão sendo realmente gentis. Mas Sansão estava zombando dos homens que acabara de derrotar, chamando-os por outros nomes que significam jumento.

Se você está pensando que jamais reagiria como Sansão, repense. Considere todas as coisas que fazemos e dizemos quando queremos impressionar as pessoas:

— Ei, rapazes, olhem isto! (Muitos caras dizem isso logo depois de pedir para alguém segurar a cerveja para eles, mas essa discussão fica para outra hora.)

— E agora, o que você acha de mim?

— Veja a minha foto com... [LeBron James, Angelina Jolie, Billy Graham, o presidente Obama ou — se realmente estão tentando impressioná-lo — todos eles].

— Olhe este retrato da minha namorada. Ela é modelo. Vive no Canadá.

— Ei, vocês ouviram? Consegui a promoção! É, eu sei... loucura pensar quanto imposto terei de pagar no ano que vem. Uau!

Para mim, é algo como: — Você não acredita quantas pessoas Deus trouxe à nossa igreja neste fim de semana. (Tradução: Estou realmente orgulhoso do número de pessoas na igreja porque isso me faz sentir bem comigo mesmo, então vou falar para você, mas dando "crédito" a Deus, para eu poder me gabar.)

Isso mesmo: todos temos queixadas favoritas que brandimos aqui e ali, tentando nos sentir maiores. Basicamente, estamos dizendo o seguinte: "Sim, Senhor, aqui está a prova. Porque fiz isso, fui ali, comprei isso, conheço aquela pessoa e consigo fazer o que faço, eu sou um cara superior". Nada bonito quando você olha de fora. Ninguém gosta de gente exibida, então tentamos disfarçar, às vezes com falsa humildade. "Não, na realidade não tenho méritos pelo trabalho de equipe. Só aconteceu de eu liderar a melhor equipe que existe, e eles conseguiram o contrato."

Por que tantos de nós brigamos com o orgulho? O orgulho sempre nasce das nossas inseguranças. Quando não sabemos quem somos em Cristo, usamos o orgulho para tentar preencher esse vácuo. Tiago 4.6 diz: "Deus se opõe aos orgulhosos, mas concede graça aos humildes". E Provérbios 16.18 alerta: "O orgulho vem antes da destruição; o espírito altivo, antes da queda".

Muitas vezes tentamos nos definir por aquilo que realizamos, descobrir o nosso valor por aquilo que fazemos, e não por aquele a quem pertencemos. Queremos confiar nos nossos feitos, nas nossas vitórias, nos nossos troféus, nos nossos ganhos, para nos definir, em vez de reconhecer Deus como a fonte de todas as coisas boas na nossa vida. Como Sansão, queremos levar o crédito e ser conhecidos como vencedores, feras, líderes, Homens (com H maiúsculo), "alguém".

O orgulho pode embriagar. Mas a ressaca é infernal. Somos humanos; temos (muitas) limitações e precisamos confiar em Deus. Quando perdemos de vista a nossa identidade e ficamos com amnésia espiritual, muitas vezes sentimos como se estivéssemos nos afogando nas emoções. E não são só as tempestades de raiva e orgulho que podem nos fazer naufragar. Exteriormente, podemos parecer calmos e controlados, mesmo quando uma grande onda nos puxa para baixo e nos joga nas profundezas do desespero.

3.6

Afogados no desespero

Talvez você não precise lutar para controlar a sua raiva nem se sinta particularmente arrogante ou convencido. Talvez você nunca fale sobre as suas realizações, nem faça brandir a sua queixada, nem exiba os seus troféus. Talvez a emoção que parece estar no controle das suas ações seja uma tristeza apática crônica, um sentimento de solidão que tenta engolfá-lo. Talvez você nem saiba o que está acontecendo, só que você não é o mesmo e não tem esperança.

Muitos fatores podem contribuir para o desespero. Talvez porque você simplesmente se desgastou. Talvez você trabalhe em tempo integral para sustentar a família e ainda ocupe as noites e os finais de semana cuidando da casa e do quintal. Ou talvez você acumule vários empregos tentando pagar a faculdade e ainda participe dos projetos estudantis e dos esportes com os amigos. Talvez você seja solteiro, mantendo uma vida social ativa, sem jamais cair na cama antes da meia-noite. Talvez o motivo de estar tão deprimido seja que você mesmo está se esgotando.

Às vezes o que nos esgota não é fazer tudo o que fazemos, mas pensar em tudo o que precisamos fazer no futuro. Algumas segundas-feiras atrás, eu seguia sem ânimo para o gabinete, sentindo a ressaca de ter pregado o fim de semana inteiro. Apesar de estar exausto por causa de semanas de trabalho até o pescoço, o que me consumia o pensamento era tudo o que viria quando eu dobrasse a esquina.

Ainda havia sete fins de semana cheios antes de uma folga, seis viagens para ministrar, o nosso encontro anual de três dias com toda a equipe, um número incontável de reuniões e — sim, — este livro para terminar. Depois de dar uma olhada na minha lista de afazeres, fiquei paralisado de medo. Certamente eu não conseguiria fazer tudo. Ninguém conseguiria. Tentei refrear as lágrimas. As minhas emoções venceram. As lágrimas rolaram contra a minha vontade.

Eu estava exausto.

A causa do estresse que você está sentindo não se deve necessariamente apenas ao esforço físico. Trata-se mais de como você sente as suas responsabilidades — estar presente com a família e com os amigos, sem nunca querer ver alguém mal, preencher as expectativas dos seus pais, ganhar o suficiente para pagar todas as contas. Você tenta ser forte por todos, ser o provedor, o elo que une a vida de todos. Você pode até sentir que a sua vida é o que torna possível a vida de todos eles. Se você está suportando essa carga, não admira que esteja exausto. Reconhecer isso é o primeiro passo para dar a volta por cima.

Outra causa comum do desespero é deixar de fora pessoas que fazem diferença. Sansão se orgulhava de ser autossuficiente e não precisar da ajuda de ninguém. Estivesse se gabando ou procurando vingança, ele se empenhava para brilhar sozinho. Muitos de nós, homens, fazemos a mesma coisa quando começamos a nos sentir sobrecarregados. As nossas ações falam: "Não vou deixar você entrar. Não vou compartilhar o que está acontecendo comigo. Mesmo que eu tentasse, você não entenderia". Afastamos as pessoas, depois erguemos um muro, depois cavamos uma fossa, depois armamos minas terrestres emocionais que explodem quando as pessoas queridas tropeçam nelas.

Honestamente, estou falando por experiência própria. A exaustão quase sempre me faz bater em retirada. O cansaço aciona o meu piloto automático no modo recuar. Assim que começo a sentir a dor maçante desse peso, começo a levantar tijolos, um após o outro. Eu achava que isso era uma coisa típica dos homens. As pessoas chegam muito perto das nossas emoções, então, quando começa a corrida para o *touchdown* no futebol americano, os braços se abrem de imediato para impedir a passagem: "Eu sou forte. Eu posso cuidar disso sozinho". Depois de viver mais um pouco, comecei a me justificar: "Acho que os que nunca foram líderes jamais entenderão o que eu estou sentindo". Até que tive de cair na real e admitir que era puro orgulho. Você percebeu todos os "eus" nessas reações? (Mas *você* nunca deve ter sentido isso, claro!)

Cansados e sós, a armadilha em que a maioria dos homens acaba caindo é previsível. Você começa sentindo que todas as forças do universo estão conspirando contra você. Só enxerga os negativos. Sente-se só, deprimido e derrotado.

Se existe uma coisa para a qual você pode contar com a ajuda da autocomiseração é o exagero. Toda vez que você começa a pensar em como as coisas estão mal, é como um jogo para se certificar de que tudo está *o pior possível*. Você se pegará usando palavras extremas como *nunca*, *sempre* e *jamais*:

Nunca fui bom.
Sempre vou ficar empacado na vida.
As coisas nunca vão melhorar.
Nunca conseguirei essa promoção agora.
Depois de uma falha dessas, a minha esposa jamais me perdoará.
Os meus filhos nunca seguirão Jesus se virem como tenho sido hipócrita.

Ficamos empacados nesses círculos negativos de autoflagelo e condenação que não vêm de Deus. O Espírito dele sempre nos leva a confessar, a mudar de direção, a seguir no caminho de Deus, a um recomeço revigorador, à graça. Muitas vezes, Deus nos perdoou, mas as nossas emoções não acompanharam. Estou convencido de que isso não passa de outra forma de orgulho — querer controlar a própria vida em vez de contar com Deus. Achamos melhor odiar a nós mesmos do que nos arriscar à vulnerabilidade e à humildade requeridas para dependermos dele. Parece mais fácil esperar o pior do que depositar a nossa esperança em Deus.

Muitas vezes, o desespero brota da falta de disposição para revelar as nossas fraquezas aos outros. Não queremos admitir para nós mesmos que precisamos de Deus. Por que os homens se recusam a perguntar qual é o caminho? Porque não temos coragem de dizer para ninguém que precisamos de ajuda.

Preferimos nos afundar no desespero a nos agarrar ao salva-vidas que Deus sempre nos lança em socorro.

3.7
Tudo em torno de mim

Por que isso é tão problemático para os homens? Por que às vezes parece que preferimos nos apoiar nas nossas emoções em vez de confiar em Deus e seguir a orientação do Espírito? Creio que é porque a maioria de nós quer ser o herói, a personagem principal, o centro da história que estamos contando acerca de nós mesmos.

Queremos que tudo gire em torno de nós.

Esse é o problema. Deus é sempre a personagem principal da história. Ele é o centro.

Tudo gira em torno dele — até nós.

Tendo reconhecido que Deus é a personagem principal, e só depois disso, podemos rumar para uma posição em que já não somos tentados a deixar que as emoções nos arrastem. Vamos realmente *desejar* ser conduzidos pelo Espírito.

Se você é continuamente arrastado pelas emoções, acabará como Sansão: um homem com potencial divino preso num círculo de autodestruição. No entanto, se você estiver disposto a sacrificar as suas emoções no altar, entregando-as a Deus, então fará dele a personagem principal da sua história. Você ainda sentirá as suas emoções, mas não as deixará arrastá-lo. Finalmente você se livrará da escravidão do impulso e entrará na liberdade que só vem pela condução do Espírito de Deus.

Desafio você a perguntar a si mesmo: "O que Deus *realmente* deseja para mim?". Você acha que ele deseja que você seja arrastado pelas emoções, ou que seja libertado para seguir o Espírito? E você, o que acha? Pergunte-se: "O que eu *realmente* desejo?". Honestamente, você quer continuar sendo conduzido pelas emoções? Você não prefere ser um homem íntegro, um homem de caráter, um homem de profunda força espiritual? Imagine apenas que, em cada decisão que você tomasse, estaria fazendo exatamente o que Deus queria que você fizesse, com a convicção de estar agindo como embaixador dos céus.

Eu sei que você estragou tudo. (Nós todos estragamos.) Sei que você tem pensamentos — talvez tenha até tomado algumas ações — que teria vergonha de contar para alguém. Há aquele segredo tenebroso que você vem guardando; aquela coisa que ninguém sabe e que você teme o tempo todo que, se alguém descobrir, você ficará mal para sempre. Você pensa: *A minha esposa nunca me perdoaria se descobrisse a verdade. Se os meus filhos soubessem, jamais me olhariam do mesmo jeito.* Ou: *Jamais conseguirei reconquistar a confiança se eles descobrirem o que realmente fiz.*

Pode ser.

Ou pode ser que haja uma grande notícia que você nem teve condições de considerar. Você está necessitado. Se você simplesmente reconhecer essa necessidade de uma vez por todas diante de um Deus santo que o ama, esse poderia ser o melhor dia da sua vida. Se você permitir que a sua necessidade o conduza a Deus, Deus suprirá a sua mais profunda necessidade.

Foi exatamente isso o que aconteceu com Sansão. Ainda que ele tivesse dado as costas para Deus, ainda que tivesse quebrado dois dos três votos de nazireu, ainda que tivesse permitido que a raiva e o orgulho ditassem constantemente seus atos, quando Sansão clamou a Deus em genuína necessidade, o Deus que o amava teve misericórdia e compaixão dele.

Sansão tinha acabado de matar mil homens. De início, ainda empolgado com a vitória, estava orgulhoso de si mesmo, como se pudesse ter feito aquilo sem a força sobrenatural vinda de Deus. Contudo, passado aquele momento, quando o sangue esfriou, Sansão percebeu a situação em que se metera. Ali em pé, rodeado por todos aqueles corpos, coberto de sangue, ele caiu em si: *Este pode ser o meu fim. Se os filisteus me pegarem aqui no deserto, estou morto. Ou posso até morrer de sede antes disso.*

Naquele momento, Sansão permitiu que a necessidade o conduzisse a Deus: "Clamou ao Senhor: 'Deste pela mão de teu servo esta grande vitória. Morrerei eu agora de sede para cair nas mãos dos incircuncisos?' Deus então abriu a rocha que há em Leí, e dela saiu água. Sansão bebeu, suas forças voltaram, e ele recobrou o ânimo" (Juízes 15.18,19).

A primeira coisa que aconteceu foi que, assim que percebeu a própria necessidade, Sansão caiu em si. Ele reconheceu não ter sido o responsável pela derrota dos filisteus; foi Deus. Depois que Sansão se humilhou, estava pronto para descrever sua necessidade a Deus em suas próprias palavras. E, quando o fez, Sansão devolveu a Deus o devido lugar que ocupava em sua história: ao centro.

Então, "suas forças voltaram, e ele recobrou o ânimo".

Quando você volta para Deus e entrega a sua fraqueza a ele, só então volta à sua força. No entanto, na realidade não é a *sua* força; é a força *dele*. E você vai recobrar o ânimo. Você pode ser o homem que Deus esperava que fosse quando o criou. Você pode fazer diferença. Você pode viver com justiça. Você pode ser um homem íntegro.

Lembre-se: é só quando você permite que a sua necessidade o leve a Deus que ele pode suprir a sua mais profunda necessidade.

Você tem coragem de voltar-se para Deus com humildade? Se você consegue ser honesto consigo mesmo, se consegue admitir que tem se deixado levar pelas emoções — a raiva, o orgulho, até o desespero — e então reconhecer que deseja que o Espírito de Deus o dirija de agora em diante, ele irá ao seu encontro, onde você estiver.

Se você se sente vazio, fraco ou derrotado, Deus deseja renovar a sua força. Deus deseja renovar o seu propósito, deseja lhe dar uma batalha digna de luta. Você foi criado para lutar e vencer batalhas que beneficiam os outros, não apenas à sua própria vida. Você foi chamado para estar na linha de frente, fazendo o inimigo recuar e glorificando o seu Rei.

Lutar pelo que é certo não se restringe ao que você faz. Trata-se de quem você é. Você é um guerreiro, um guerreiro de Deus, batalhando pela causa divina.

Deus deseja lhe dar uma causa maior que você. Então, depois que você amar alguma coisa o suficiente para desejar morrer por ela, estará livre para viver. As suas emoções já não estarão pilotando o navio. O Espírito de Deus se tornará a força orientadora da sua vida.

Considere um exemplo do que acontece quando somos conduzidos pelo Espírito, e não arrastados pelas emoções. Em 1873, dois pregadores cristãos estavam conversando sobre uma conferência da qual acabavam de participar. Henry Varley disse a seu novo amigo Dwight L. Moody: "Moody, o mundo ainda está para ver o que Deus fará por meio de um homem cujo coração seja totalmente rendido a ele".

Essas palavras penetraram na alma de Moody. Ao longo dos dias e das semanas seguintes, Moody recapitulou mentalmente a verdade nelas contida, considerando o que significariam para ele em termos pessoais. Por fim, Moody resolveu: "*Eu* serei esse homem! Se Deus está procurando um homem íntegro, um homem de honra, coragem e fidelidade, com o auxílio de Deus, *eu* serei tal homem!".

Se você nunca ouviu esse nome antes, Dwight L. Moody — ou D. L. Moody, como ficou conhecido —, veio a ser o homem que muitos historiadores da igreja consideram "o maior evangelista do século XIX".

Você pode chegar lá. O nosso mundo do século XXI ainda precisa ver o que Deus fará por meio de um homem cujo coração seja rendido a ele. Você pode ser esse homem. Você tem um potencial que nem sequer imagina. Acredite em mim: você não tem ideia do que é capaz.

Então, o que você me diz?

Você será esse homem?

SEÇÃO 4

PEQUENOS PASSOS, GRANDE DESTRUIÇÃO

★ ★ ★ ★ ★

Mas até conseguir dizer de forma profunda e honesta:
"Sou o que sou hoje por causa das escolhas que fiz ontem",
essa pessoa não pode dizer: "Escolho de outra maneira".

Stephen R. Covey

4.1
Pequenos passos, grande destruição

Alguns anos atrás, levei um grupo de cristãos solteiros a um passeio em Schlitterbahn (parque aquático de Deus) em San Antonio. O parque dispõe de todo tipo de toboáguas, piscinas para surfe e piscinas com ondas. É um lugar fantástico para crianças e adultos se refrescarem no verão causticante do Texas.

Uma das piscinas de surfe com tubo mais longo era a de *body board*. Esse tubo descarrega bilhões de litros de água para imitar uma onda do oceano, e as pessoas surfam ajoelhadas numa pequena prancha. Eu estava ali com todos aqueles cristãos, observando as pessoas surfando. Na época, eu não sabia que um monte de rapazes ficava de olho nessa piscina por causa de sua reputação de remover os *tops* das mulheres. A pressão da água é tão intensa que muitas vezes faz mais do que desequilibrar a surfista, tirando-a da prancha.

Como se esperava, uma grande onda veio em direção a uma moça que vestia um biquíni. Quando a água bateu na parte de cima do biquíni dela, a multidão parou de respirar. Sem perceber, a menina estava de *topless*. Instintivamente, olhei para o outro lado. Todos aqueles rapazes crentes olharam para ela, depois se viraram para mim, querendo saber se o pastor também estava olhando sorrateiramente a menina seminua. Felizmente, o meu olhar estava voltado para longe (e a luz do céu estava brilhando sobre mim).

Eles ficaram mais que impressionados. "O nosso pastor não olhou!", gritavam alegres, repetindo a história por meses, como se eu tivesse esmagado a criptonita oferecida por uma capa de *Playboy*. Mas na verdade é um tanto triste que estivessem tão impressionados. Por que ficaram impressionados? *Porque não é normal virar o rosto*. Não me interpretem mal — não sou monge. Antes de ser cristão, olhei mais do que me cabia. E depois que entreguei a minha vida a Cristo, ainda lutei contra a mesma tentação que a maioria dos homens viris enfrenta. A tentação ainda me pega. Só que agora me conheço o suficiente para saber quais são as minhas fraquezas e como me proteger. Construí barreiras de segurança na vida. E, em parques aquáticos, isso inclui prever situações que podem revelar mais do que devo ver.

Talvez você esteja pensando: *Qual o problema, Craig? É só uma olhadinha. Um momento de prazer particular não vai machucar ninguém.* Bem, é problema porque as coisas que deixamos entrar na nossa mente podem nos levar a áreas escuras. Um passo chama outro e depois outro.

Ou talvez você esteja pensando: *Achei que já tivéssemos tratado da cobiça neste livro. Lá vamos nós de novo!* Talvez você seja um desses sujeitos que não têm nenhum problema com a cobiça. (Embora, em geral, esses sujeitos lutem com a mentira, eu já percebi.) Mas o fato é que a cobiça e a tentação sexual não são ocorrências eventuais. Imagens, tentações e prazeres sexuais nos rodeiam 24 horas por dia, 7 dias por semana na nossa cultura. As pessoas não só não se envergonham de se permitirem isso, como se espera que o façam. Se você é homem "de verdade", então se espera que seja um animal sexual, um garanhão, o líder da gangue, um conquistador ao qual as mulheres não conseguem resistir — certo?

Errado.

Espera-se que você seja um homem mais forte que os seus impulsos físicos e as suas reações emocionais. Espera-se que você seja um guerreiro desejoso de lutar por algo mais importante. E essa é uma batalha em que se luta contra uma tentação de cada vez.

É só perguntar a Sansão. Da última vez que deixamos o nosso fortão, ele tinha acabado de voltar o coração para Deus. Ele devolveu a Deus o crédito por lhe ter dado a força para matar mil filisteus com a queixada de um jumento, enquanto Deus, com um milagre, lhe proveu água para beber. E, com o relacionamento renovado com Deus, "suas forças voltaram, e ele recobrou o ânimo" (Juízes 15.18,19).

O versículo seguinte é tão curto que é fácil passar por ele sem nem perceber sua importância. Juízes 15.20 diz: "Sansão liderou Israel durante vinte anos, no tempo do domínio dos filisteus".

Pense só na incrível reviravolta que representa uma afirmação dessas. Depois de todos os danos causados por Sansão, um pequeno versículo resume vinte anos de fidelidade persistente em sua vida.

Deixe o poder disso penetrar por um momento. Não importa o que você tenha feito (ou deixado de fazer), Deus ainda pode usá-lo como líder. Mesmo que você tenha cometido muita bobagem e não veja esperança de voltar a levar uma vida que agrade a Deus, com a ajuda dele você pode vencer uma batalha de cada vez. Você pode encontrar reconciliação com aqueles a quem feriu, restauração em áreas nas quais a sua vida está aos pedaços e cura para as suas doenças. Como Sansão, você pode dobrar a esquina e entrar numa vida nova.

Assim que Sansão voltou à trilha correta, Deus o colocou num lugar de honra e o ajudou a fazer aquilo para o qual ele havia sido criado. Na época de Sansão, Israel não tinha rei. Eles usavam um sistema de liderança baseado em juízes justos que eram nomeados pelos sacerdotes divinos. É a isso que esse versículo se refere: Sansão serviu Israel como juiz fiel por vinte anos.

Pena que não durou. Mas é como dizem: velhos hábitos são duros de matar.

Especialmente para os homens.

4.2
Um dia

Vamos olhar rapidamente lá adiante, para onde Sansão acabará chegando. Finalmente ele caminha bem, honrando Deus com a vida e servindo ao povo de Deus. Infelizmente, "como o cão volta ao seu vômito, assim o insensato repete a sua insensatez" (Provérbios 26.11). Tosco, eu sei. No entanto, o mais tosco é a destruição que segue os nossos pequenos passos para longe dos padrões de Deus.

Sansão recaiu em seus velhos hábitos, e esse homem com tanto potencial concedido por Deus começou a amontoar de novo uma decisão ruim sobre outra. Quando as consequências de seus passos em falso chegam ao auge, Sansão, com os olhos arrancados e os braços acorrentados, foi colocado como objeto de zombaria diante dos velhos inimigos, os filisteus. Ele foi reduzido a prisioneiro, um escravo, uma força antes formidável, encoleirado como um cão.

Como isso aconteceu com ele? Como um homem escolhido por Deus, separado para ser grande — uma pessoa que serviu a Deus fielmente por vinte anos —, devastou tão completamente a própria vida? A resposta não deveria ser tão surpreendente: Sansão não arruinou a vida de uma tacada só. Ela a arruinou do mesmo jeito que os homens vêm arruinando a própria vida desde os primeiros tempos.

Ele a arruinou passo a passo.

Pense nisso. São poucos os homens que estragam tudo de uma só vez. Eles em geral tomam uma decisão ruim, seguida por outra, então cometem uma mentira sobre outra decisão pecaminosa. Pouco a pouco, cavam um grande buraco pecaminoso e parece impossível arrastar-se para fora. Vamos examinar onde Sansão começa seu descarrilamento em marcha lenta. Lembre-se: acabamos de ler que ele andava bem havia vinte anos. Mas então, um dia, "Sansão foi a Gaza, viu ali uma prostituta e passou a noite com ela" (Juízes 16.1).

Como? É isso mesmo? Todo um percurso de vinte anos e então o quê? Um dia?

Esse versículo me lembra muito de quando o rei Davi caiu por causa de Bate-Seba. Aquela história começa de modo parecido com esta. As Escrituras dizem em 2Samuel 11.2,3: *"Uma tarde* Davi levantou-se da cama e foi passear pelo terraço do palácio. Do terraço viu uma mulher muito bonita, tomando banho, e mandou alguém procurar saber quem era" (grifo nosso).

Na história de Davi era primavera, "época em que os reis saíam para a guerra". Só o rei Davi não saiu para a guerra. Havia um lugar em que se esperava que ele estivesse, mas, em poucas palavras, ele resolveu não ir trabalhar porque o tempo estava bom. (Você já percebeu que estar no lugar errado nunca o ajuda a fazer a coisa certa?) Os homens de Davi estavam fora, batalhando contra os inimigos do reino dele, sangrando e morrendo. Enquanto isso, lá no palácio, Davi saiu para um pequeno passeio pelo terraço de onde avistou Bate-Seba — tomando banho, só isso — e pensou: *Uau! Era disso que eu precisava.*

Então, como é que homens destinados a coisas grandiosas terminam naquela trilha para a destruição? É bem fácil, na verdade. Tudo começa com um único passo. Um dia. Uma tarde. É o que basta para a bola rolar. Um dia você toma uma decisão ruim. Então continua colocando um pé à frente do outro e não faz nenhuma correção de rota. Você mantém as coisas em segredo. Encobre-as. Ignora os sinais de alerta. Cada passo o afasta um pouco do bom caminho em que você estava, inclinando-o mais e mais, até que a inércia o empurra para uma espiral descendente.

Nove vezes em dez, os tempos ruins começam quando o homem vai a algum lugar no qual, para começar, ele não tinha motivo nenhum para estar.

Só vou dar uma olhada.
Só vou fazer uma horinha.
Não vou ficar muito tempo; só estou curioso.

Lembra-se de quando Sansão fez isso vinte anos antes? Em Juízes 14.1, diz que ele "desceu a Timna" — território inimigo. Foi então que todos os problemas começaram.

Dessa vez, encontramos as decisões que disparam suas próximas escapadas hormonais em Juízes 16.1,2. "Certa vez Sansão foi a Gaza, viu ali uma prostituta e passou a noite com ela. Disseram ao povo de Gaza: 'Sansão está aqui!' Então cercaram o local e ficaram à espera dele a noite toda, junto à porta da cidade. Não se moveram a noite inteira, dizendo: 'Ao amanhecer o mataremos'".

Deixe-me fazer uma pergunta: Na história da raça humana, quando é que foi uma boa ideia visitar uma prostituta? Esse erro deveria ser muito óbvio.

Mas por que é significativo ele ter ido a Gaza? Bem, Gaza era o quartel-general dos filisteus, a 40 quilômetros da cidade de Sansão, Zorá. *Esperava-se* que Sansão estivesse dirigindo sua corte, ouvindo os problemas dos israelitas e emitindo julgamentos justos para eles. Em vez disso, porém, Sansão sai diretamente para o centro do território filisteu, à procura de algum movimento. Ele sai da rota 40 quilômetros para lançar à sorte vinte anos de fidelidade.

Antes de zombar de Sansão, considerando-o um perfeito débil mental, não seja tão rápido em julgar. Sabe-se que alguns homens vão a bares, clubes noturnos ou casas de massagem quando estão fora da cidade. Eles dizem a si mesmos que foi uma decisão impulsiva e louca quando estavam viajando a trabalho.

Pode ser. Mas não ajudou o fato de terem feito uma pequena pesquisa *online* para encontrar os lugares quentes nas cidades que estavam visitando. Ou o cara que só toma um percurso mais longo para casa, que por acaso passa pelo *sex shop* do outro lado da cidade. Grande surpresa, então, quando ele percebe que acabou parando.

Às vezes, nós nos empenhamos para tentar nos enganar, fazemos um grande esforço para negar que estamos arriscando tudo por alguns poucos momentos de prazer.

Por que *alguém* faria algo tão obsceno e por tão pouco? Essa é uma boa pergunta. Talvez devêssemos fazer uma pesquisa e perguntar aos homens à nossa volta. Porque a triste verdade é: os homens ainda fazem isso hoje; e acontece todos os dias. Vemos um sujeito que parece ter um bom casamento, um ministério bem-sucedido, integridade a preservar e uma carreira florescente, e ele arrisca tudo por uma aventura sexual, um prazer momentâneo. Simplesmente não vale a pena. Por que fazer isso?

Mesmo assim, os homens fazem o tempo todo.

4.3

Passo a passo

Pelo fato de eu ser pastor, muitos acham que só trabalho um dia por semana. (Se bem que, pela minha igreja ter cultos tanto no sábado quanto no domingo, acham que trabalho dois dias por semana.) E, já que não tenho mais nada para fazer durante o resto da semana, a não ser observar a minha Bíblia pairando sobre a escrivaninha, às vezes gosto de gastar o tempo sentado, perguntando a mim mesmo coisas do tipo: *Quantos passos alguém precisaria dar para andar 40 quilômetros?*

Então fiz uma pequena pesquisa e descobri que, para andar 40 quilômetros — a distância que Sansão viajou de Zorá a Gaza — seriam necessários cerca de 56.250 passos. Agora lembre-se: a maioria dos homens não arruína a vida de uma só vez; eles a arruínam passo a passo. No caso de Sansão, ele teve 56.250 oportunidades para mudar de ideia, dar meia-volta e simplesmente voltar para casa. A cada passo que ele dava em direção a Gaza, poderia dizer para si mesmo: *Isso é estúpido, Sansão. Isso é muito perigoso. O que você está fazendo?*

Mas é claro que ele não disse.

Nenhum homem planeja arruinar a própria vida. Nunca encontrei um único sujeito que dissesse: "Sabe de uma coisa? O meu alvo é me viciar em sexo no prazo de dez anos. Quero ficar tão obcecado pelo meu mundinho encantado de prazer na pornografia, que espero que isso me consuma todos os pensamentos enquanto eu estiver acordado.

Quero chegar ao ponto de não ter nenhum relacionamento legítimo, significativo e íntimo, porque o único jeito de enxergar uma mulher será como algum tipo de objeto sexual".

Nunca é isso o que ocorre. Na realidade, as coisas acontecem assim: Um cara está simplesmente no computador ou brincando no celular, pensando na própria vida, trabalhando, talvez pesquisando quantos passos são necessários para ir de Zorá a Gaza, quando, de repente, aparece uma propaganda com a foto quente de alguma garota no canto de uma página da *web*. Ele pensa com os botões: *Hmm. Uau, isso não é interessante? Grátis — será mesmo? Não custa dar uma olhada.*

Clique. Agora ele está em algum *site* que era a coisa mais distante de sua mente dez segundos atrás. Só que agora, nessa página, há outra coisa "interessante" para clicar, algo um pouco mais provocativo. Clique. Ele sente aquela conhecida euforia. O coração bate mais rápido. Ele se esquece da esposa, dos filhos, da fé. Então, quase como se estivesse no piloto automático, segue: *clique, clique, clique, clique, clique, clique, clique, clique.* Depois de um tempo, acaba num péssimo lugar. E não chegou lá num salto; chegou lá um passo de cada vez.

Nunca encontrei um sujeito que dissesse: "Sabe o que seria legal, Craig? Não consigo pensar em nenhum objetivo mais digno do que um dia ter de entrar com um pedido de falência". Não é assim que acontece. Ele olha para outro sujeito que tem mais do que ele e pensa: *Por que é diferente comigo?*

Um passo.

Ele quer o carro, a casa, os tacos de golfe. E o crediário parece tornar tudo isso bem acessível.

Outro passo.

Contudo, quando ele começa a se atrasar nos pagamentos, começa a caçar soluções. Mais um passo. Talvez alguma jogada, talvez algum esquema de marketing de rede. Pode ser um empréstimo em dinheiro no cartão de crédito para cobrir outra conta. Passo, passo, passo. *Tudo o que eu preciso é de um negócio grande para recolocar a vida nos eixos.* E aí esse sujeito que nem conseguia administrar o talão de cheques começa um negócio.

Passo, passo, passo, e um dia ele acorda num grande buraco.

Nunca encontrei um sujeito que dissesse: "Realmente tenho um casamento fantástico. As crianças me amam e parece que tudo vai muito bem de verdade. Acho que vou mandar tudo para os ares tendo um caso". Não é assim: um dia ele só estava andando pela rua, escorregou e caiu; e, quando acordou estava sobre uma mulher nua, na cama de algum quarto de hotel.

Tudo começa com um passo. Uma colega atraente o toca no braço, só uma vez, e ele pensa: *Hein? Será que alguma coisa está acontecendo aqui? Ela é bem bonita.*

Um passo.

Outra hora, ele dá uma leve cantada. Outro passo. Ela corresponde! Mais um passo. Ele pensa nela à noite. E novo passo. Ele usa um pouco de colônia a mais, para o caso de ficar perto dela. Mais um passo. Ele manda uma mensagem para ela. Outro passo. Ele coloca a mão nas costas dela quando os dois estão juntos, vendo um projeto no computador dela. Novo passo. Inocentemente, vão almoçar juntos uma vez. Outro passo. Uma coisa leva a outra, até que os dois se veem envolvidos. E enredados.

Passo, passo, passo. Seu casamento e sua vida familiar desabam numa explosão nuclear de dor e traição.

O homem não arruína a vida de uma só vez.

Ele a arruína passo a passo.

4.4
Não zombe do inimigo

Sansão deu três pequenos passos para iniciar a espiral que o levou à grande destruição. Honestamente, a maioria dos homens que se afasta de Deus e arranja problemas dá os mesmos passos. O primeiro foi que Sansão zombou do inimigo. Lembre-se de que em Juízes 26.1,2 Sansão havia saído para visitar uma... *ahn*, mulher "acessível" (prostituta). Ao saberem que ele estava lá, alguns filisteus tramaram para atacá-lo de surpresa ao amanhecer. Mas o versículo 3 diz: "Sansão, porém, ficou deitado só até à meia-noite. Levantou-se, agarrou firme a porta da cidade, com os dois batentes, e os arrancou, com tranca e tudo. Pôs tudo nos ombros e levou ao topo da colina que fica defronte de Hebrom".

Assim, em vez de passar a noite toda com a prostituta, Sansão escapuliu em silêncio, encoberto pela noite, arrancou as portas do muro da cidade e as carregou para longe. Não eram portas ocas. Li um comentário que calculava que, juntas, essas portas pesariam cerca de 300 quilos. Pode ser que 300 quilos não pareçam tanto para você. (É mais ou menos o que consigo levantar com algum esforço. E por esforço quero dizer que é a última coisa que levanto antes de morrer.) Mas é isso. Muito.

Quando Sansão usou sua força sobrenatural para arrancar e carregar as portas maciças dos filisteus, ele estava basicamente dando-lhes uma banana. Aquelas portas pesadas eram a forma que eles tinham para trancar os muros da cidade à noite; eram símbolos de sua segurança. Tirando-as, Sansão estava dizendo: "Vocês acham que estão seguros? As suas portas raquíticas não podem salvá-los de mim". Sansão estava zombando dos inimigos.

O problema de zombar dos inimigos é que muitas vezes você os subestima, ignorando convenientemente esta realidade: os inimigos são perigosos. A verdade é que temos um inimigo espiritual, Satanás, cuja única missão é "furtar, matar e destruir" tudo o que importa para o coração de Deus (João 10.10). E ele tem milhares de anos de experiência para convencer caras como você e eu a ceder. E seria *você* o sujeito que finalmente vai passar a perna em Satanás, bem na especialidade dele? Fala sério! Esse é o seu plano?

É por isso que as Escrituras nos alertam em 1Pedro 5.8: "Estejam alertas e vigiem. O Diabo, o inimigo de vocês, anda ao redor como leão, rugindo e procurando a quem possa devorar". Isso é sério, cara. Satanás não está só preparado para machucar, ferir; ele quer destruir, devorar você.

E, para o caso de você não ter prestado atenção, a que família biológica pertence o leão? Exato: à dos *gatos*! Gato, leão, Satanás — vê o padrão aqui? Vou fugir totalmente do assunto, mas quero deixar claro que, embora caçoe muito dos gatos, é só brincadeira. A minha família tem dois gatos. É verdade que não tenho amor especial pelos gatos, mas os meus filhos *adoram*. E eu amo os meus filhos só um pouco mais do que não gosto de gatos, de modo que temos dois, Freddy e Binky. Freddy é tão comportado quanto um gato consegue ser, eu acho. Mas Binky é inquestionavelmente mau. Então às vezes zombo do meu inimigo Binky.

Só para você saber que não sou um cara ruim, deixe-me falar de Binky. Quando ele era pequeno, foi atropelado por um carro, de modo que agora só tem três patas (duas atrás e uma na frente). Quando o acidente aconteceu, paguei 800 dólares nas várias cirurgias para esse gato. Agora ele está bem, saudável, mas só tem três patas, por isso o chamo de Trípode.

Binky, o Trípode, gosta de subir nas bancadas da cozinha. No entanto, já que é o lugar em que preparamos a comida, não gosto disso. É nojento. Não quero um traseiro de gato nos meus balcões. Eu nunca bateria num animal indefeso, mas não me furto de assustar um. Despisto Binky, aproximo a minha cabeça e digo "Buu!". Sempre é uma brincadeira segura porque, tendo só três patas, ele não pode me arranhar. Se tentar, cai.

Um dia, Binky estava de novo na bancada me desafiando, porque ele sabe muito bem que não devia estar lá. Eu me esgueirei para perto dele e o surpreendi com um "Buu!". Já que ele não podia me arranhar, enquanto eu ainda estava bem perto, o bichano saltou para a frente e me mordeu o nariz! Cara, *nunca* subestime seu inimigo. (Desculpe a digressão. Mas eu precisava falar para alguém a respeito da minha cicatriz de batalha e escrever sobre ela sai mais barato que uma hora de terapia.)

Conheço muitos homens que se dedicaram a honrar Deus permanecendo sexualmente puros. Entretanto, mesmo entre eles, encontrei muitos que se arriscam constantemente, dançando com a tentação várias e várias vezes. Você promete esperar o casamento para ter sexo. Então a sua namorada chega ao seu apartamento e vocês ficam por ali, sozinhos, "conversando". Na cama. Até de manhã. O que estão pensando? É simplesmente perigoso.

Não subestime o seu inimigo.

Digamos que você é casado e está viajando a trabalho. Todos os outros vão sair para um drinque depois do expediente e você pensa: *Claro que dou conta disso. Nada demais.* Então você vai e toma um drinque. E ri com os seus novos amigos e se diverte. Então uma dose chama outra, que sobem a três, que escorregam para quatro e, de repente, você está pensando: *Cara! De onde apareceram todas essas mulheres? Nem as vi chegar.* Você começa a pensar que é charmoso e divertido. Começa a achar que ainda está podendo (mesmo que isso nunca tenha ocorrido antes).

Você só está zombando do seu inimigo. Ou pior, você o está subestimando.

Ou talvez você não tenha dinheiro algum e então pense: *Há alguma coisa grátis que a gente possa fazer? Ei, já sei! Vamos andar no feirão de carros "só para olhar".* O que você está fazendo? Está zombando do inimigo. Não subestime o departamento de finanças.

Talvez você esteja saindo com alguns caras que não estão a fim de participar do seu grupinho de estudo bíblico — jamais. Eles xingam. Eles trapaceiam. Eles mentem. Eles roubam. E você pensa: *Serei uma testemunha para eles, mostrarei o amor de Deus.* Só que, em vez de trazê-los para cima, você sabe que na verdade está sendo levado para baixo. Você acha que não está sendo afetado, mas lá no fundo sabe que a sua luz espiritual está começando a dissipar.

Muitos de vocês devem estar pensando: *Bem, tudo muito bom, tudo muito bem, Craig. Mas esse não é o meu caso. Você está falando com outros homens.* Se isso é verdade, então isto é para vocês: "Aquele que julga estar firme, cuide-se para que não caia!" (1Coríntios 10.12).

Zombar do inimigo foi apenas o primeiro dos grandes erros de Sansão. Ele também deu mais dois passos em falso.

4.5
Alô, Dalila!

Na primeira vez em que vimos Sansão fazer alguma coisa errada foi quando ele se dirigiu a Timna, onde se apaixonou por uma filisteia. Tenha ou não dedicado a vida a Deus como nazireu, você não deve ir atrás de mulheres que cultuam falsos deuses. Nunca é uma boa ideia. Bem, adivinhe: Quem voltou aos velhos hábitos? Juízes 16.4 nos diz: "Depois dessas coisas, ele se apaixonou por uma mulher do vale de Soreque, chamada Dalila".

"Depois dessas coisas" significa: depois de ter estado com a prostituta e arrancado as portas de Gaza — só para ter certeza de que ele estava de novo sob os radares dos filisteus. E então, é claro, apaixonou-se por Dalila. Não posso deixar de especular no que ele estaria pensando. Pode ser: *Sabe, não tenho tido muita sorte com essas gatas filisteias. Talvez a terceira seja a cereja do bolo.*

A verdade é que, como fazem muitos homens, Sansão estava simplesmente racionalizando o pecado. Alguns justificam o próprio pecado baseados na "limpeza" do restante da vida: *Esse é o meu único defeito. Sou bom. Não faço mais nada errado.* Outros homens justificam dizendo ser isso algo particular: *De todo jeito, ninguém tem nada com isso. A vida é minha. Posso fazer o que quiser. Não ligo para o que os outros pensam.* Muitos homens liberam a consciência com esta mentira: *Se ninguém souber, qual o problema? O que estou fazendo não machuca ninguém. Além disso, só estou olhando o cardápio. Não vou pedir nada.*

É provável que a maioria simplesmente coloque a culpa em outra pessoa: *Se a minha mulher fizesse um pouco mais por mim, nem precisaria disso. Mas, do jeito que vamos, esses pequenos "extras" são a única maneira de eu aliviar o estresse do dia a dia.* Não importam os óculos que usamos, a maioria de nós, homens, é mestre em racionalizar o mesmo velho pecado — exatamente como Sansão.

Vamos ver o que acontece a seguir, no versículo 5: "Os líderes dos filisteus foram dizer a ela: 'Veja se você consegue induzi-lo a mostrar-lhe o segredo da sua grande força e como poderemos dominá-lo, para que o amarremos e o subjuguemos. Cada um de nós dará a você treze quilos de prata'."

Eles a subornaram. Ofereceram dinheiro para Dalila entregá-lo. Você devia ler isto por si em Juízes 16.6-14, mas vou fazer um resumo.

Na vez posterior em que estão juntos sozinhos, Dalila pede a Sansão:

— Por favor, conte para mim o segredo da sua força.

Sansão mente para ela.

— Se me amarrarem com sete cordas de arco, novas, que ainda não secaram, eu ficarei fraco e serei como qualquer um (de acordo com a *NTLH*; em outra versão da Bíblia, ele diz: "tiras", mas tiras me lembram sandálias de dedo ou... outras coisas. Fico com as cordas de arco).

Depois que Sansão cai no sono, Dalila o amarra com cordas de arco e diz:

— Sansão! Os filisteus estão chegando!

Ele se solta facilmente e escapa. Assim, na vez seguinte em que ficam juntos, ela diz:

— Você mentiu para mim. Fale para mim: Qual é realmente o seu segredo?

— Cordas novinhas. Se você me amarrar com cordas novas, ficarei fraco e serei como qualquer um. — Sansão mente novamente.

De novo, ele cai no sono. Dessa vez, Dalila o amarra com cordas novinhas e então diz:
— Sansão, os filisteus estão chegando!
E de novo ele se desamarra e escapa.
Na vez seguinte em que ele chega para vê-la, ela não vai deixar passar.
— Qual é? Você mentiu para mim. Fale o que acontece de verdade.
Desta vez, o que Sansão diz está mais perto da verdade. Ele fala:
— É o meu cabelo. Se você usar as minhas tranças para fazer um tecido no tear e as prender com pinos, ficarei fraco e serei como qualquer um.
De novo, ela tenta fazer o que ele disse e, de novo, grita:
— Sansão, os filisteus estão chegando!
E novamente ele não tem problemas para escapar.
Por fim, quando Sansão e Dalila estão juntos, ela está farta.
— Como você pode dizer que me ama se não confia em mim? Foi a terceira vez que você me fez de boba e não contou o segredo da sua grande força.
"Importunando-o o tempo todo, ela o cansava dia após dia, ficando ele a ponto de morrer" (v. 15,16).
Ok, será que eu preciso falar mais alguma coisa? Você realmente achava que era o primeiro sujeito que sentiu que a sua mulher não ia deixar barato? (E, mulheres, se vocês ainda estão lendo isto, não estou justificando nem um dos atos de Sansão aqui; só estou dizendo que a importunação nunca servirá para encorajar o seu marido.)
O interessante no desastre de Sansão é que quase temos de assumir que, a essas alturas, ele devia ter percebido no que Dalila estava metida. Toda vez que contava o "segredo" de sua força, ele acordava amarrado exatamente do jeito que havia dito para ela. Contudo, apesar de Dalila continuar tentando entregá-lo para os

filisteus, Sansão continuava voltando para ela. Isso não diz muito a respeito de como funciona a cabeça dos homens? Mesmo diante de um grande perigo, de um desastre certeiro, continuamos voltando para alguma coisa só porque gostamos. Sempre conseguimos justificar o que queremos.

Sansão era um guerreiro forte o suficiente para matar mil homens. Era forte o suficiente para rasgar um leão só com as mãos. Era forte o suficiente para arrancar portas de 300 quilos com as colunas e carregá-las para longe. Mas, no final, não era forte o suficiente para conduzir uma mulher. Esse é um grande aviso num frasco pequeno, cavalheiros. Não ousem ser fortes só nos negócios ou no trabalho. Não ousem ser fortes só nos *hobbies* ou em algum esporte. Não ousem se contentar em ser fortes só no aspecto físico. Concentrem a sua força na condução das pessoas à sua volta em direção à justiça. Muitos homens são fortes em vários aspectos, mas deixam a liderança com os outros.

Que isso não aconteça com você.

Não se contente em ser forte naquilo que não dura e em ser fraco no que dura. Apele para o seu guerreiro interior. Não lute só as batalhas insignificantes. Lute por aquilo que mais importa. E lute pela sua vida.

Vamos examinar o ponto em que as coisas começam a desabar: "Por isso ele lhe contou o segredo: 'Jamais se passou navalha em minha cabeça', disse ele, 'pois sou nazireu, desde o ventre materno. Se fosse rapado o cabelo da minha cabeça, a minha força se afastaria de mim, e eu ficaria tão fraco quanto qualquer outro homem'" (v. 17).

Lembre-se dos três votos de nazireu de Sansão:

Não se embriague.

Não toque em nada impuro.

Não corte o cabelo.

Uma coisa de que realmente gosto nesse versículo é a maneira pela qual Sansão se refere ao fato de ter sido separado para Deus desde o nascimento. É quase como se ele se lembrasse, só por um instante, do motivo pelo qual fora criado.

E você? Você ainda se lembra do objetivo para o qual foi criado? Você se lembra daqueles momentos quando, ainda menino, se revelava na alegria de fingir que era um dos seus heróis? Aquilo não é só um negócio de faz de conta, coisa de criança. Mesmo depois de adultos, os nossos heróis nos inspiram porque atiçam o fogo que Deus acendeu dentro de nós. Eles nos fazem lembrar do herói dentro de nós.

Infelizmente, vislumbrar essa verdade não é suficiente. Sem ação, sem escolher melhor o nosso próximo passo, o resultado é inevitável. O versículo 19: diz "Fazendo-o dormir no seu colo, ela chamou um homem para cortar as sete tranças do cabelo dele, e assim começou a subjugá-lo. E a sua força o deixou".

Imagino quantos homens, em desobediência a Deus, tentam batalhar dia após dia com as próprias forças. Seria tão mais fácil recorrer ao poder de Deus. Só é preciso retomar os votos que você fez no passado. Contudo, exatamente como Sansão, não detonamos a nossa vida de uma tacada só. Nós a detonamos um passo de cada vez. Nós nos perdemos quando zombamos do inimigo, quando racionalizamos o nosso pecado e quando achamos que a nossa desobediência não nos custará nada. Esquecemo-nos de que o nosso pecado sempre nos leva para mais longe do que desejamos ir e nos custa mais do que desejamos pagar.

4.6

O custo oculto

Já aconteceu de você fazer alguma coisa, sabendo que não devia, e isso *não resultar em nada ruim*? Muitos homens hoje em dia parecem acreditar que podem simplesmente continuar fazendo e refazendo a mesma coisa. Sansão continuou atrás de mulheres proibidas. Ele sofreu algumas consequências emocionais, claro, mas isso nunca custou o que mais parecia importar para ele, aquilo em que ele confiava: a força.

Até Juízes 16.20. Dalila gritou: "'Sansão, os filisteus o estão atacando!' Ele acordou do sono e pensou: 'Sairei como antes e me livrarei'. Mas não sabia que o Senhor o tinha deixado".

Como das outras vezes, Sansão não achava que sua desobediência custaria caro. Só que ele não sabia que as coisas haviam mudado. Tome isso como outro alerta para nós. Você pode ter escapado uma vez. Você até pode ter escapado mais de uma vez. Ninguém nunca o pegou. Ninguém lhe pediu explicações. Guarde as minhas palavras: um dia a verdade vai aparecer.

E, quando aparecer, você pode voltar mais uma vez para a sua esposa, pensando que vai se safar com a sua lábia, como sempre, mas ela vai dizer: "Estou cansada das suas histórias. Não tem volta. Vou embora".

Ou você vai chegar para as crianças em casa e dizer: "Desculpem, meninos, fiquei ocupado no trabalho e me esqueci. Fica para outra. Prometo!". Mas seus filhos vão dizer: "Qual é, pai?! Eu já nem ligo mais. Estou cansado de perder tempo esperando você cumprir as suas promessas. Não acredito em nada do que você fala".

Ou você vai chegar para o seu chefe e dizer: "Sinto muito, os interessados simplesmente não apareceram este mês. Mas tenho algumas ideias. Vou tentar algumas coisas novas e no mês que vem vai ser diferente". Mas o seu chefe vai dizer: "Não. Chega! Você sempre tem 'nova ideias'. E depois faz tudo igual de novo. Você vive procurando atalhos. Exagera nos números. Já mentiu tantas vezes para mim que não tenho como levá-lo a sério. Vamos parar por aqui. Venha comigo ao RH".

Exatamente como Sansão, continuamos pensando: *Basta fazer o que fiz da outra vez. Vou me livrar.* Mas os nossos pecados sempre acabam nos dominando e vencendo. O seu pecado *vai* encontrá-lo. E, então, você terá um versículo 21 todo seu: "Os filisteus o prenderam, furaram os seus olhos e o levaram para Gaza. Prenderam-no com algemas de bronze, e o puseram a girar um moinho na prisão".

Como um homem com tanto potencial concedido por Deus termina em situação tão terrível? Ele não chegou lá de uma só tacada. Ele chegou um passo de cada vez.

Isso nos leva ao momento da verdade: Onde você está se afastando de Deus? Por favor, desacelere um minuto e pense na resposta a essa pergunta. Este pode ser um dos momentos mais importantes da sua vida. Esteja você no passo número 1, ou no número 56.249, onde é que você está se afastando de Deus?

Pode ser algo simples: você é cristão, mas não está separando um tempo para a Palavra de Deus. Ou você é cristão, mas não está separando tempo para orar. O seu cabelo ainda está comprido. Você ainda vai à igreja. Você tem os sinais exteriores de que está seguindo a Deus. No entanto, por dentro, o seu coração se afastou dele.

Podem ser os desejos lascivos: "Eu quero. Eu preciso conseguir". Quem sabe você esteja engatinhando para alguma cilada pornográfica.

Pode ser a arrogância: "Eu mereço". Ou pode ser o orgulho: "Eu tiro isso de letra".

Pode ser a raiva. Você está frustrado e tem pavio curto. Você está irritado consigo mesmo, mas joga isso sobre todo mundo. Um pequeno aborrecimento pode provocar uma grande explosão de raiva em você.

Pode ser a apatia e a vida passiva. Você é agressivo em algumas áreas da vida, mas não toma as rédeas em áreas essenciais. Você promete que fará alguma coisa, mas hoje em dia suas promessas não significam grande coisa.

Pode ser a cobiça. Você ama as coisas deste mundo e quer mais. Você quer acompanhar os ricos e famosos — e nem gosta deles. Talvez você seja irresponsável, até pecaminoso, em termos de finanças. A lista de possibilidades é realmente infinita. Só depende de você.

Seja corajoso, seja honesto: Onde você está se afastando de Deus?

Porque você só é forte na medida em que é honesto.

Todo este livro foi sendo montado para este momento. Você está se afastando de Deus em algum aspecto? Você está no passo 1? Ou no passo 56.249? Ou em algum ponto entre eles? Não importa quantos passos você já tenha dado, há uma solução profunda e simples. É tão básica, tão elementar que, se você não prestar atenção, ela pode passar despercebida: dê meia-volta.

É isso. Dê meia-volta. Vá para o outro lado. Não é tarde demais. Simples assim. Lute contra a inércia de se mover em direção ao pecado e siga em outra direção. E, quando você der meia-volta, quem estará bem ali, esperando por você? O seu Deus. Porque ele é muito bom.

O último versículo deste capítulo específico sobre a vida de Sansão é, para mim, o mais espetacular e repleto de graça na história toda. Qual é o símbolo exterior da devoção interior de Sansão para com Deus? Os cabelos. Mas ele os perdeu para os inimigos. Ele foi subjugado, publicamente exposto e arrastado para a prisão. A cabeça raspada anuncia para todos que o veem: "Desobedeci a Deus". Mas Deus é misericordioso. O versículo 22 condensa o amor e a graça de Deus: "Mas logo o cabelo da sua cabeça começou a crescer de novo".

Ainda que Sansão tenha desobedecido a Deus e esteja agora arcando com as consequências, a graça de Deus é suficiente para ele. Deus, o maior guerreiro, envia uma mensagem a Sansão: "A luta não acabou. Aquilo que lhe dá força voltará a crescer".

Então, como ficamos? Mais segredos? Mais medo? Mais esconde--esconde? Ou você vai finalmente dizer a verdade? Se você está no caminho errado, pare. Pare agora. Caia de joelhos e lute como homem. Clame a Deus. Peça que ele o perdoe. Agarre a sua graça. Receba o seu perdão. Levante-se. Dê meia-volta. E caminhe em outra direção.

Se você se afastou, seja um passo, sejam milhares deles, dê meia--volta. Não é tarde demais. A graça de Deus é suficiente para você. Como? Primeira João 1.9,10 nos diz: "Se confessarmos os nossos pecados, ele é fiel e justo para perdoar os nossos pecados e nos purificar de toda injustiça. Se afirmarmos que não temos cometido pecado, fazemos de Deus um mentiroso, e a sua palavra não está em nós". Isso significa que, quando confessamos a Deus, quando admitimos que erramos, temos seu perdão. Não nos custa nada, senão honestidade e coragem.

No entanto, essa é só uma parte da equação da volta ao caminho em que precisamos estar. Confessar a Deus nos leva ao perdão, mas não necessariamente à cura. Tiago 5.16 nos diz como podemos consegui-la: "Portanto, confessem os seus pecados uns aos outros e orem uns pelos outros para serem curados". Não basta confessar a Deus; você também precisa confessar às pessoas envolvidas, às pessoas que foram afetadas pelos seus pecados. (Você sabe quem são.) Podem ser a sua esposa, os seus amigos, os seus filhos, os seus colegas, os seus companheiros. Seja verdadeiro com eles e lhes peça perdão. Peça que orem por você. Será doloroso, claro, tanto para você como para eles, mas é a hora de dar meia-volta.

4.7

Armas de guerra

Depois de dar meia-volta, você precisará lutar. A boa notícia, porém, é que Deus capacita cada guerreiro para a batalha à frente. Em 2Coríntios 10.3,4, eis como a Bíblia descreve essas armas: "Pois, embora vivamos como homens, não lutamos segundo os padrões humanos. As armas com as quais lutamos não são humanas; ao contrário, são poderosas em Deus para destruir fortalezas". Efésios 6.12 descreve a guerra real: "A nossa luta não é contra seres humanos, mas contra os poderes e autoridades, contra os dominadores deste mundo de trevas, contra as forças espirituais do mal nas regiões celestiais".

O seu inimigo odeia a sua coragem. Você entende? Ele o despreza. Por quê? Porque ele odeia tudo o que importa para Deus, e nada importa mais a Deus do que você. O seu inimigo é um adversário respeitável. O nome dele é Satanás. A Bíblia o chama de pai da mentira. Ele é o grande enganador. E ele quer destruí-lo.

Você percebeu que Satanás vem estudando a raça humana há milhares de anos? As nossas fraquezas. As *suas* fraquezas. Ele inventa artimanhas e elabora esquemas para atingir você e as pessoas que você ama. Para roubá-lo, destruí-lo e, por fim, matá-lo.

Cara, se outro homem estivesse tentando atingir a sua família, o que você faria? Você o afastaria, não é mesmo? Você se livraria de qualquer um que tentasse prejudicar aqueles que você ama.

É tempo de lutar. Há coisas muito importantes em jogo. Defenda-se. Revide. Não fique aí parado. Acerte um soco. Entre com tudo. Não lutamos com as armas deste mundo; lutamos com a arma da Palavra de Deus.

Efésios 6 diz que precisamos vestir toda a armadura de Deus. Por quê? Porque estamos em guerra. O cristianismo não é um parque de diversões. É um campo de guerra.

Vista o seu capacete da salvação, a mente de Cristo. Estamos protegidos porque estamos de bem com Deus por meio de Cristo.

Vista a sua couraça da justiça. Somos justos não por causa de algo que podemos fazer, mas por aquilo que Cristo já fez.

Tome o seu escudo da fé. O acusador sabe como nos derrubar: "Você não é bom como devia. Você nunca vai chegar lá. Você não pode queimar outra largada. Você não tem as qualidades necessárias. Fracassado". Não ligue para o enganador. Acredite no que Deus fala ao seu respeito. Você é o que ele diz que você é. Você é um guerreiro espiritual. Acredite.

Aperte o seu cinto da verdade. Não saia comprando mentiras: tentação, desejos lascivos, orgulho, riquezas. Mantenha-se corajosamente na verdade divina.

Calce as suas botas, o evangelho da paz. Apoie os seus pés com firmeza e levante-se. Você já fez tudo o que podia fazer: coloque-se de pé.

Deus o chama para se colocar de pé. O inimigo quer que você caia. Portanto, como um guerreiro de Deus, só há duas ações aceitáveis: ou você está de pé, ou está se levantando. Mesmo que Satanás lhe dê uma rasteira, você não ficará no chão para sempre. Levante-se de novo. Nunca permaneça caído.

Mas não se limite a se defender. Avance. Use o que a Bíblia chama de espada do Espírito, a Palavra de Deus. Esta, a nossa maior arma, é letal, afiada, viva e ativa. Usando a sua fé, aplique a Palavra de Deus à sua vida e veja que ele vai lutar em seu favor.

Por fim, ore. Lembre-se: o homem mais forte não é o que levanta o maior peso, mas o que tem maior fé.

Em vez de dar um passo impensado após outro, rumo à sua própria destruição, é tempo de aprender a lutar. Jesus disse que há uma hora de "oferecer a outra face". Eclesiastes diz que há não só um tempo de paz, como também um tempo de guerra. Creio que a igreja muitas vezes nega aos homens a permissão de se levantarem por si mesmos, de riscar uma linha no chão e dizer: "Satanás, se você ultrapassar esta linha, vou revidar". Ainda que eu não esteja defendendo a violência, como você já viu, creio firmemente que às vezes Deus nos dá permissão para lutar.

Deixe-me ilustrar com algo que aconteceu quase dez anos atrás. A nossa família estava numa festa na casa de alguém e um menino de 4 anos começou a importunar o meu filho, Sam, que na época tinha uns 3 anos. O outro menino, mesmo tendo o pai dele e eu logo ali, chegou para Sam e o empurrou. Sam se levantou assustado e olhou para mim como que perguntando com os olhos: *O que eu faço?* Eu disse:

— Não ligue, Sam.

Olhei para o pai dele, pensando: *Você não vai fazer nada com o seu filho valentão?* Então, o garoto derrubou Sam de novo. Olhei feio para o pai dele. Ele disse:

— Meninos são meninos — e riu daquilo.

Sam estava chorando. Eu disse:

— Sam, vá para a outra sala. Saia. Simplesmente saia daqui.

Sam fungou, deu meia-volta e, obediente, começou a sair. O outro correu atrás dele e o fez cair, de cabeça, enquanto tentava se afastar. Eu não conseguia acreditar no que estava vendo.

Eu me agachei ao lado de Sam e disse:

— Sam, olhe para mim. — Ele me olhou através das lágrimas. — Acerte nele! — disse com firmeza.

Toda postura de Sam mudou. Ainda com lágrimas nos olhos, ele se preparou e agarrou o menino maior. Quando Sam o atingiu, os dois foram pelos ares. Eles estatelaram no chão. O outro menino saiu engatinhando e correu para a mãe, que estava por perto.

Encolhi os ombros e falei ao pai:

— Ah, tá. Meninos são meninos.

Se esta história incomoda você, compreenda que o negócio é sério. Quando privamos os homens da permissão de revidar na hora devida, nós os castramos. Sufocamos o espírito guerreiro que Deus colocou dentro deles, o espírito que anseia por lutar pelo que é certo. Quando os homens sentem que foram privados de força, fica muito mais fácil cair em tentação. Se nunca aprenderam a lutar, é difícil saber como lutar contra o mais mortífero de todos os inimigos.

Em 11 de setembro de 2001, quatro aviões caíram em Nova York, Washington e Pensilvânia. Eu estava num avião quando os ataques começaram. Todd Beamer também estava em um. Ele fez o que, espero, eu teria feito, o que espero que o meu filho faça. Um inimigo estava no avião dele, usando a força para atingir pessoas inocentes. Depois de telefonar secretamente para pessoas em terra, Todd soube que outros malfeitores estavam lançando aeronaves contra prédios a fim de matar inocentes.

Percebendo que aqueles homens planejavam fazer o mesmo com seu avião, Todd não queria — ou não podia — aceitar aquilo. Ali estava um homem com um coração de guerreiro. Era hora. Ele traçou uma linha no chão e disse: "Vamos agir". Não sei exatamente o que aconteceu naquele avião. Mas um homem com uma causa maior do que a própria vida tomou posição: "Não vou permitir que matem inocentes. Vou derrubá-los, vou derrubar este avião. Se eu cair junto, que caia. Dou a vida para salvar os outros". Esse é o coração de um guerreiro.

Precisamos ser consumidos pela verdade divina para podermos dizer: "Vamos lutar pela causa de Cristo. Não vamos recuar. Não vamos nos entregar". E, quando você luta pela causa que Deus lhe dá, você nunca luta sem a força dele. Deuteronômio 20.3,4 diz: "Ouça, ó Israel. Hoje vocês vão lutar contra os seus inimigos. Não desanimem nem tenham medo; não fiquem apavorados nem aterrorizados por causa deles, pois o Senhor, o seu Deus, os acompanhará e lutará por vocês contra os seus inimigos, para dar a vitória a vocês".

Qual é a batalha que você está travando? Dê nome aos bois.

O casamento desmoronando? Empunhe a sua espada. Lute. Não se renda. É uma causa maior que você mesmo.

Filhos se afastando de Deus? Ore para que voltem para Deus. Use as armas divinas.

As finanças afundando? Lute. Discipline-se para começar a vencer pequenas batalhas.

Totalmente cercado pelo pecado? Dê vazão ao coração de guerreiro que está dentro de você. Lute. Romanos 8.37 diz que somos "mais que vencedores, por meio daquele que nos amou". Nós vencemos, diz Apocalipse, pelo sangue do Cordeiro e pelas palavras do nosso testemunho. A nossa força não é nossa. Podemos fazer todas as coisas por meio de Cristo que nos fortalece.

Você tem um coração guerreiro. Nada pode distrair você. Pessoas não podem desiludi-lo. Críticas não podem desviá-lo. Demônios não podem pará-lo.

Você é homem. Deus lhe deu uma causa para inspirá-lo. Honre-a. Deus lhe deu armas para lutar por essa causa. Enfrente o seu medo. Fale a verdade. Lute, e lute para vencer. Você está pronto, você tem a permissão e não está sozinho. Está na hora de parar de seguir às cegas pela vida, caindo nas armadilhas do inimigo.

É tempo de dar meia-volta e lutar pela própria vida.

SEÇÃO 5

CAIA PARA A FRENTE

★ ★ ★ ★ ★

Fracassos são placas indicativas na estrada rumo à realização.
C. S. Lewis

5.1
Caia para a frente

Tenho dois filhos, dois jovens guerreiros — Sam (de quem você já ouviu) e Stephen. (Chamamos Sam de "Cruncher" [triturador], porque ele tritura tudo. Chamamos Stephen "Bookie" [agenciador de apostas], porque o irmão mais velho o chamava de "Booby" [trouxa] quando pequeno, e achamos que não dava para aceitar aquilo. Booby não é um bom nome para guerreiros. Você entende.) Não são poucas as dificuldades que enfrentamos para ajudar Cruncher e Bookie a se tornarem os guerreiros que Deus deseja que sejam.

Anos atrás, brincávamos juntos no final da primavera. Coloquei Sam (que estava com 2 anos) numa patinete e o ensinei a fazer algo que não devia. Começando lá do alto da saída da nossa garagem, demonstrei como deslizar descendo, descendo cada vez mais rápido, até lá embaixo. Fiz algumas vezes para que ele pudesse aprender.

Então ele tentou; e estava indo muito bem. (*Farinha do mesmo saco*, pensei orgulhoso.) Mas o que começou como o máximo da vida dele terminou de repente num fêmur quebrado. Ainda me lembro do barulho horrível. Aquele *crack* pareceu ecoar infinitamente enquanto Sam se contorcia desesperado. Ele enfrentou um sofrimento inimaginável, e a minha paternidade irresponsável lhe custou seis semanas com o corpo todo imobilizado e outras duas semanas antes de poder voltar a andar.

Tudo aquilo foi, no mínimo, traumático. Quando estávamos no hospital, Amy me disse: "Quero que você jogue fora aquela patinete. Queime. Não quero ver aquilo nunca mais na vida". As meninas estavam com medo da patinete por causa do que "ela tinha feito com Sam". *Patinete feia! Feia! Odiamos patinetes!* Toda vez que a minha esposa ou as crianças entravam na garagem, passavam bem longe, para não serem atacadas nem quebrarem a perna. Todos, especialmente Sam, queriam que eu me livrasse dela.

Não aceitei.

Apesar do sentimento terrível de ter ensinado ao Sam algo que o deixou machucado, eu sabia que a patinete ainda tinha seu lugar. Eu sabia que, um dia, o meu grande guerreiro teria de enfrentar o medo. Quando você cai do cavalo, precisa voltar para a sela. Você não pode ficar estatelado no chão, abraçado ao seu medo de cavalos. O meu filho teria de montar de novo naquela patinete.

Acho que você não ficará surpreso em ouvir que Amy discordou da minha ideia. Enfaticamente. Aquilo gerou conversas animadas sobre a educação dos nossos filhos e as diferenças entre meninas e meninos, pais e mães, mulheres e guerreiros. Não dá para dizer que venci, mas a patinete permaneceu na garagem.

Alguns meses depois, quando Sam já estava totalmente recuperado, de vez em quando eu perguntava para ele:

— Sam, você está pronto para montar de novo na patinete?

E, toda vez que eu perguntava, ele chorava e fugia de mim.

— Não, papai! Aquela patinete quebrou a minha perna!

Depois de um tempo, amaciei:

— Bem, você diz ao papai quando estiver pronto.

Passaram-se semanas. Meses. Finalmente, eu estava me esquecendo daquilo; tinha colocado a ideia de lado. A patinete continuava juntando poeira na garagem, por trás do esqueleto da bicicleta de alguém e do velho cortador de grama.

Certo dia, eu estava jogando bola com alguns meninos. Sam chegou perto, muito sério, e disse: — Papai, estou plonto.

— Você está pronto para o quê, Sam? — eu me perguntava se tinha me esquecido de levá-lo para algum lugar: uma consulta médica ou a casa de um amigo.

— Estou plonto para andar de tinete.

O meu queixo caiu e, com os olhos arregalados, fitei o meu homenzinho. Quando recobrei a compostura, fechei a boca e concordei. Fui para a garagem. As meninas dispararam gritando:

— Vamos contar para a mamãe!

Tínhamos de agir rápido. Sam agarrou a direção. Enquanto seguia para o topo da saída, primeiro ele começou a chorar, depois a tremer. Coloquei a minha mão sobre a dele e falei:

— Filho, olha, você não precisa fazer isso hoje.

Ele olhou para mim através das lágrimas e disse uma coisa de que vou me lembrar pelo resto da vida:

— Não, papai. Eu *preciso* montar. Hoje.

E assim ele continuou. E chorou. E então eu chorei. E as meninas estavam longe, em algum lugar, denunciando. Em lágrimas, conduzi o pequeno guerreiro fazendo um pequeno círculo muito seguro. Ele desceu num pulo e, tendo conseguido parar de tremer, agora soluçava.

— Papai! Consegui! Papai! Você viu?

— Vi, filhote! Você conseguiu. *Você conseguiu.*

O pequeno guerreiro montou de novo. Ele *precisava*. Isso fazia parte da estrutura dele. Deus não nos fez guerreiros para sermos perfeitos; ele nos fez guerreiros para poder lutar contra os nossos medos, aprender com os nossos erros e viver para lutar mais um dia.

5.2

O ponto cego

O meu filho Sam aprendeu algo fundamental ao voltar para a patinete, algo que Sansão levou muito mais tempo para aprender. Boa parte da tragédia na história de Sansão foi causada por sua incapacidade de ser tudo o que poderia ter sido, caso se dispusesse a aprender com os erros na primeira experiência.

Para mim, Sansão ainda é a personagem mais frustrante da Bíblia. Deus o separou desde o nascimento, dando-lhe força sobrenatural para cumprir sua vocação de liderança no processo de livramento dos israelitas do domínio opressivo dos filisteus. Como muitos de nós, porém, mesmo com o chamado divino e um poder extraordinário, Sansão encontrava frequentemente alguma maneira de bagunçar tudo.

Ele era um homem incrivelmente forte com uma vontade perigosamente fraca. Quebrou seus votos a Deus, foi atrás de mulheres proibidas que cultuavam ídolos, tocou em coisas nas quais não devia tocar, bebeu coisas que não devia beber e terminou com um corte de cabelo realmente ruim.

Seus erros, porém, finalmente o venceram e nunca mais as coisas voltaram a sorrir para Sansão. Esperava-se que ele derrotasse os inimigos de Deus, mas ele acabou perdendo mais que a dignidade. Obviamente, sua força foi reduzida à de um ser humano normal quando ele perdeu os cabelos. Como se não fosse suficiente, a Bíblia diz que os filisteus "furaram os seus olhos". A maioria dos comentários parece concordar que isso significa que lhe arrancaram e queimaram os olhos, raspando tudo o que havia sobrado deles. (Ops, estávamos falando de ponto cego.) Então o algemaram e o obrigaram a moer grãos na prisão. Ele foi atrelado a uma grande haste de madeira e forçado a andar em círculos dia após dia, como um boi, girando um moinho. (Pense num *hamster* grande, engaiolado, girando na roda.) Aposto que os carcereiros e os outros prisioneiros viviam zombando dele, xingavam e atiravam coisas, cuspiam nele e até o chicoteavam. O trabalho em si já seria pesadíssimo, mas a tortura mental devia multiplicar aquele sofrimento. Deve ser difícil você se imaginar em situação pior que a de Sansão.

E, provavelmente, o sofrimento ainda maior para Sansão era a angústia espiritual de ter de reconhecer o próprio fracasso. Como seria dar-se conta de que você desperdiçou os anos que Deus lhe deu? Que você desperdiçou os dons que ele lhe deu? Que fez coisas que não pode desfazer. Começa a ter vergonha dos próprios atos. Sabe que machucou as pessoas que ama. E você não fez o que Deus queria que você fizesse quando o criou. Para nós, homens, esse tipo de fracasso atinge a nossa identidade.

Talvez porque é assim que deve ser.

Geralmente, homens e mulheres encontram o próprio valor de maneiras diferentes. É típico das mulheres avaliar-se pelos relacionamentos. E, uma vez que elas se medem pela qualidade de seus relacionamentos, checam isso frequentemente com as amigas:

— Somos amigas, não somos?

— Preciso mesmo de um abraço.

— A gente não pode se encontrar logo só para conversar?

— Mandei uma mensagem há mais de dez minutos. Você não respondeu. Estou meio que surtando. Eu disse alguma coisa que não devia? Por favor, responda. Só preciso saber que estamos bem.

Para as mulheres, tudo é relacional — até ir ao banheiro. Por que uma mulher não consegue simplesmente ir ao banheiro sozinha? Por que é que, quando uma mulher vai ao banheiro, *todas* elas precisam ir junto? Até parece que é grosseria uma mulher ir ao banheiro sem chamar a outra.

— Vou ao banheiro. Quer ir comigo?
— Claro!
— Olha! A fulana está lá na outra mesa. Vamos convidá-la também!
— Com certeza! — acenando. — Oooi!

Então, duas horas mais tarde, elas voltam de braços dados. O que acontece lá dentro? Estão discutindo por que o Solteirão deveria ter ficado com a *outra* menina? Existe algum programa de moda e bate-papo sobre dicas de maquiagem? Não adianta perguntar: elas juraram segredo.

Os homens gostam que gostem deles, mas isso não é *tudo* para nós. A maior parcela do nosso valor não vem dos nossos relacionamentos; vem das realizações: *Como fui? Eu me saí bem? Ganhei?*

Os relacionamentos importam, mas não do jeito que as mulheres entendem. Sujeito algum jamais diria a seus amigos: "Ei, vamos juntos ao banheiro!". Se dissesse, poderia ter de cuidar de um nariz vermelho quando chegasse lá — sozinho. Se acontecer de homens acabarem no banheiro ao mesmo tempo, há um protocolo bem definido. Não acho que essas regras estejam escritas em algum lugar, mas todo homem as conhece. Uma é que é permitido conversar, mas o mínimo.

— Cara, a água está gelaaadaa.
— É. E dura.

Você também nunca, *jamais* olha nos olhos. Você olha direto para a parede à frente. *Não* é legal virar a cabeça e encarar o outro cara quando ele está cuidando de suas necessidades. E, mais importante, você nunca — em circunstância alguma — olha por cima ou para baixo.

Agora que recapitulamos todas as regras básicas do comportamento no banheiro, vamos explorar uma das dinâmicas mais profundas da psique masculina — se é que isso existe. Nos relacionamentos, é mais importante o homem ser respeitado do que apreciado. É por isso que o fracasso o atinge tanto. Quando fracassamos, muitas vezes achamos que nunca vamos nos recuperar. Em tantos anos que sou pastor, conversei com literalmente milhares de homens e tenho certeza absoluta: o que o homem mais teme é o fracasso, e o que mais dói é o remorso.

Muitos homens não querem falhar nem uma vez. Queremos dar conta de tudo e ter sucesso em qualquer coisa que tentemos. É por isso que não queremos jogar quando não achamos que podemos vencer. É típico de quando não satisfazemos as nossas expectativas — ou as de alguém — sermos tomados de remorso: *Ah, se eu tivesse feito... Eu devia ter feito... Por que eu não...?*

5.3

O custo crescente do remorso

A verdade é que muitos de vocês que estão lendo este texto enfrentarão um bom remorso em algum ponto da vida. Talvez um dia você tenha de olhar bem nos olhos da sua esposa — a mulher que foi fiel a você por anos, deu-lhe filhos e serviu fielmente durante toda a vida conjunta — e tentar explicar: "Não, na verdade você me basta. Não é o que você está pensando. Eu juro!", enquanto ela chora porque acabou de pegá-lo vendo pornografia na internet. E você gostaria de poder desfazer aquilo.

Ou talvez você tenha de tentar explicar o inexplicável, como por que você teve de quebrar os seus votos matrimoniais para correr atrás de uma menina de 24 anos no trabalho. Você terá de lidar com o remorso de quebrar o coração da mulher que enfrentou tudo ao seu lado, acabará se chutando por não ter afastado a sua Dalila antes que fosse tarde demais.

Ou talvez fique frustrado todos os dias por sentir que ficou preso numa carreira aquém das suas capacidades. Vivendo de adiantamento em adiantamento, você olha os seus amigos e todos eles parecem estar muito melhor que você. Você pensa que devia ter se esforçado mais na escola, trabalhado mais duro nos empregos anteriores, ou simplesmente não se ter conformado com a insignificância que você é agora.

Ou talvez você lamente a garota que "foi embora". Você só enrolou a menina, mesmo sabendo que ela queria casar. Ela também seria perfeita para você, mas você simplesmente não queria compromisso. Você vai pensar: *Por que não a tratei melhor? Do jeito que ela merecia? Fui muito egoísta. Como pude ser tão estúpido?*

Ou talvez você seja um sujeito casado que, apesar de sempre ter sido fiel, deixa o casamento simplesmente correr, sem conduzir a família para algum lugar significativo. Com certeza, você se lembra do aniversário de casamento e dos filhos, manda as crianças para escolas particulares e as leva para o futebol e a ginástica. Você até frequentou a igreja (por algum tempo). No entanto, você nunca serviu de *inspiração*. Nunca encarou o desafio de viverem de um jeito que mude o mundo. Você se culpará porque simplesmente será tarde demais.

Ou talvez o seu remorso seja até mais simples que qualquer um desses. Talvez você esteja vivendo com o seu fracasso bem agora, todos os dias. Não se trata de um fracasso visível. Você se remói por todas aquelas promessas que veio fazendo para si mesmo e para Deus, mas não cumpriu. Você se ressente de ontem. Você se ressente de hoje. E o amanhã não está sorrindo.

Você precisa se lembrar desta verdade poderosa que é tão verdade para você quanto foi para Sansão: o fracasso é uma circunstância, não uma pessoa.

Reserve um tempo para que isso penetre na sua mente. Não há como você ter fracassado mais que Sansão. Claro que ele trouxe vergonha para si mesmo, mas, pior que isso, ele envergonhou *uma nação*. Ele traiu os votos e o Senhor. Seu ego orgulhoso e seus desejos egoístas lhe causaram quedas seguidas.

Ainda assim, Deus não desistiu dele. "Logo o cabelo da sua cabeça começou a crescer de novo."

Se você acha que Deus só usa gente perfeita, então nunca leu a Bíblia. Ou não prestou atenção nas pessoas à sua volta que estão fazendo diferença neste mundo todos os dias. Só uma vez Deus usou uma pessoa perfeita. Antes disso e desde então, quanto a todos nós, os restantes — incluindo Sansão, incluindo *você* — ele vem trabalhando com o que lhe entregamos, seja lá o que for.

Observe como a Palavra de Deus monta o cenário para o que está prestes a acontecer em Juízes 16.23,24: "Os líderes dos filisteus se reuniram para oferecer um grande sacrifício a seu deus Dagom e para festejar. Comemorando sua vitória, diziam: 'O nosso deus entregou o nosso inimigo Sansão em nossas mãos'. Quando o povo o viu, louvou o seu deus: 'O nosso deus nos entregou o nosso inimigo, o devastador da nossa terra, aquele que multiplicava os nossos mortos'".

Soa como um "Brindem a mim!". Estando Sansão bem trancado na prisão, as pessoas importantes ("os líderes") pensaram que seria divertido organizar uma cerimônia de culto para agradecer ao deus da colheita, Dagom, por ajudá-los a finalmente agarrar o inimigo. A imagem de Dagom é um peixe com cabeça de homem, um tipo de deus peixe-homem. (Chato ser filisteu, hein?)

O cenário escolhido era um tipo de templo que, para nós, provavelmente seria mais parecido com o Coliseu. Vários lances de assentos em forma de estádio, com vistas para uma área aberta na qual ocorria a ação. Grandes colunas em pontos estratégicos sustentavam toda a estrutura. Historiadores especulam que essa estrutura pudesse comportar até 5 mil pessoas.

Eles exaltavam Dagom: "O nosso deus entregou [...] o devastador da nossa terra, aquele que multiplicava os nossos mortos". Sansão havia devastado as colheitas dos filisteus soltando 150 pares de raposas amarradas com tochas acesas entre as caudas. Quando o procuraram mais tarde, ele pegou uma queixada de jumento e os acertou, matando mil deles. Já que estamos fazendo uma lista, talvez devêssemos acrescentar as outras trinta baixas naquele pequeno trabalho sujo em Ascalom que gosto de chamar de Incidente dos Mortos do Depósito de Roupas. Ainda que para você e para mim tudo tenha acontecido um capítulo antes apenas (Juízes 15), tratava-se de um ódio que os filisteus carregavam havia vinte anos.

Em Juízes 16.25 mandaram buscá-lo: "Com o coração cheio de alegria, gritaram: 'Tragam-nos Sansão para nos divertir!' E mandaram trazer Sansão da prisão, e ele os divertia". Mais miserável, impossível. No mais profundo vale do fracasso que Sansão jamais conhecera antes, os inimigos de Deus desfilaram com ele como se fosse algum tipo de aberração, completamente humilhado diante da audiência.

Mas a história de Sansão ainda não acabou. Dizem que um homem bom nunca permanece derrotado. Tanto mais, então, um homem de Deus: este nunca permanece derrotado. Mesmo depois de atingir o fundo do poço, o grandão ainda tinha espírito de luta, como veremos num momento. Contudo, considerando como foi grande sua queda, seria compreensível que ele tivesse desistido — morrido por dentro, só esperando o corpo perecer. Mas sempre temos escolhas. Quando enfrentamos o fracasso, podemos escolher entre duas reações: remorso e arrependimento.

5.4
Afaste-se, e só

Infelizmente, o remorso é onde muitos homens ficam atolados. O peso do fracasso parece esmagador, e eles não conseguem se imaginar afundando mais. Estão a ponto de desistir. Sabem que algo precisa mudar, mas sentem que é tarde demais. Os próprios pensamentos os deixam paralisados:

Eu não devia ter feito aquilo.
Sinto-me horrível pelo que fiz.
Nunca conseguirei reparar todos os erros que cometi.

Eles ruminam, remoem e revivem mentalmente seus fracassos várias e várias vezes, numa espiral sem fim de vergonha, amargura e remorso. É quase como se estivessem desconectados de si mesmos, assistindo ao que fizeram como numa tela de tevê. Eles sabem como tudo vai acabar, mas não conseguem mudar de canal ou adiantar o filme, deixando para trás os erros.

Ou às vezes os homens voltam o remorso para dentro de si mesmos:

Não sou bom.
Não tenho futuro.
Todos ficariam melhor sem mim.

Esse pessoal não está aceitando a responsabilidade dos próprios atos; estão se culpando por serem fracassados desse jeito. Consideram que o problema é o que são, como se não houvesse muito a fazer para mudar os resultados de seus atos. Em certo sentido, são mártires da destruição, resignados a seus modos egoístas e aos danos colaterais consequentes.

Outras vezes, os homens voltam para fora a negatividade, fazendo-se de vítimas e culpando os outros:

- Isto não teria acontecido se você...
- Nunca pedi isso!
- Se não tivessem me pressionado tanto, eu não teria entrado em colapso desse jeito.

Nunca é bonito quando homens que deviam ser guerreiros tornam-se chorões. Negando a responsabilidade, jogando a culpa em todos ao redor e sentindo pena de si mesmos, eles se recusam a assumir as próprias escolhas, a confessar as próprias ações e a perceber que esses pequenos passos sempre desviam sua atenção.

Sansão certamente poderia ter declinado da responsabilidade pelas próprias ações:

- Meus pais não me prepararam para o que eu enfrentaria na vida.
- Como eu ia saber que Dalila me trairia? Eu só estava tentando confiar na minha mulher.
- O homem tem seus limites. Ela me atazanou até eu não poder mais. O que eu podia fazer?

Como veremos no desfecho de sua história, porém, o coração de Sansão muda. Ele sabe que precisa de Deus e se humilha. Finalmente está disposto a renunciar à própria vida por um propósito maior.

Em geral, incentivo os homens a decorarem versículos das passagens que estamos estudando, mas é provável que eu faça uma exceção neste caso. Se a sua principal ação for memorizar pérolas como "Importunando-o o tempo todo, ela o cansava dia após dia, ficando ele a ponto de morrer" e "Se vocês não tivessem arado com a minha novilha, não teriam solucionado o meu enigma", você não deve ter entendido nada. E, se você citar um desses textos para a sua esposa — especialmente durante alguma discussão —, não ouse me culpar por qualquer coisa que venha a acontecer.

O remorso é uma reação comum ao fracasso, mas há uma muito melhor: arrependimento. Em vez de voltar-se para dentro ou desviar-se para fora, você se volta para cima. Em vez de ficar atolado, você para e então deixa Deus movê-lo. Você abandona a culpa, o remorso, a raiva e a autocomiseração e se volta para o Senhor. Arrependimento significa confessar os seus erros e aceitar a sua responsabilidade:

- Esse erro foi meu!
- Tenho isso já há muito tempo.

Mas a confissão só chega até aqui. Arrependimento requer ação. "Não fiz o que Deus me encarregou de fazer, mas agora vou me afastar do que fiz errado. Voltarei para o que sei que é certo". Se os seus passos estão tomando a direção errada, dê meia-volta. Isso é arrependimento.

O remorso é um sentimento baseado principalmente na culpa (uma emoção egoísta), que retém a nossa atenção no passado. Arrepender-se é dar as costas para o que é errado, afastar-se do passado e voltar a atenção para mudanças no futuro. O remorso levanta um monumento emocional ao pecado, depois fica ali postado, olhando para ele, fazendo-nos sentir mal. Arrepender-se é girar cento e oitenta graus em relação ao pecado e depois se afastar dele. A cada passo, o arrependimento move-se para longe daquele pecado. E não olha para trás.

5.5
Atração textual

Todos nós já fizemos coisas que gostaríamos de não ter feito. Pense nas mensagens de texto, por exemplo. Depois que você clica em Enviar, não há volta, de modo que é preciso ser realmente cuidadoso com o que você escreve. Às vezes, viajo a trabalho, mas Amy e eu nos comunicamos constantemente por mensagens. Porque somos casados — e *só* porque somos casados (Hebreus 13.4) — às vezes gostamos de postar alguma pequena cena de amor do Cântico dos Cânticos, se você sabe do que se trata. Um "texto quente".

Certa noite, ela me havia escrito sobre um passeio a dois pelo vinhedo ou algo assim apetitoso, de modo que, quando voltei ao quarto lá pelas 11 da noite, respondi escrevendo como eu amava seus dentes: "Seus dentes são como um rebanho de ovelhas que sobem do lavadouro. Cada uma tem o seu par, não há nenhuma sem crias". Só que um pouco mais picante que isso... Ok, *muito mais* picante. Talvez algo sobre filhotes de cervo. (Se você nunca leu Cântico dos Cânticos, não sabe o que está perdendo.)

Infelizmente, quase na mesma hora em que cliquei no botão Enviar, percebi que não tinha respondido à conversa certa. Havia duas conversas em aberto com Amy: a nossa particular e outra, em grupo, do dia anterior. Eu tinha acabado de mandar conteúdo erótico para os amigos da minha esposa.

Você já viu aquele comercial em que o rapaz envia por engano um e-mail raivoso para Todos e então grita e sai voando, destruindo todos os computadores? Sei exatamente como ele se sentiu. Se eu tivesse o superpoder de me teletransportar, teria furtado e jogado no vaso sanitário os celulares de todos os amigos dela. Infelizmente, não tenho nenhum poder desse tipo. Então, lá estava eu em completo estado de choque, fitando o meu telefone, quando ele tocou e quase me provocou um ataque cardíaco. Adivinhe quem era! Tentei mostrar calma.

— Oi, querida. Estava pensando em você.

Amy meio que gritou baixinho:

— Você *percebeu*?

— Percebi!

Você nunca saberá o que dizia aquela mensagem porque, por várias semanas, jantamos com cada um daqueles casais em bons restaurantes e pagamos a conta para comprar o silêncio deles.

Você não pode des-enviar. Mas pode se arrepender.

Alguns de vocês chegarão à terrível conclusão de que não podem des-dormir com aquela pessoa com quem dormiram. Mas podem se arrepender. Você não pode des-fazer aquele acordo financeiro desonesto. Mas pode se arrepender. Você não pode des-olhar o que olhou. Mas pode se arrepender. Você não pode des-sonegar seus impostos, mas pode se arrepender. Não estou falando de algum sentimento ruim porque você foi flagrado. Estou falando de uma convicção interior profunda seguida de ação imediata.

Você pode se arrepender.

Como veremos, Sansão finalmente se lembrou de quem deveria ser desde que nasceu. Deus não o criou para divertir os inimigos; ele o fez para lutar por um propósito maior. Ele o fez para lutar por algo eternamente significativo. Exatamente como no seu caso, caro leitor. Deus o criou para que você o honrasse e glorificasse com a sua vida. Ele enviou seu Filho para morrer por você, para mostrar o que significa ser um verdadeiro guerreiro e não só um pretenso herói controlado pelo ego.

Não caia na conversa com que o seu inimigo espiritual tenta fisgá-lo:

- Ah, bastava que você tivesse...
- Era só você... e as coisas seriam diferentes.
- Ah, se você tivesse coragem para arriscar uma mudança...

Você podia, você queria, você devia. Você não fez. Mas o remorso, sozinho, nunca muda nada. Só o arrependimento diz: "Não deixarei o que eu fiz no passado me impedir de fazer o que Deus quer que eu faça agora. Estou me afastando do meu pecado e me voltando para Deus". Você não pode mudar o passado, mas pode mudar o futuro.

Você não é o que você fez; você é o que Deus diz que você é.

Depois de tudo o que passou, Sansão finalmente percebeu essa verdade. "Quando o puseram entre as colunas, Sansão disse ao jovem que o guiava pela mão: 'Ponha-me onde eu possa apalpar as colunas que sustentam o templo, para que eu me apoie nelas'. Homens e mulheres lotavam o templo; todos os líderes dos filisteus estavam presentes e, no alto, na galeria, havia cerca de três mil homens e mulheres vendo Sansão, que os divertia. E Sansão orou ao SENHOR: 'Ó Soberano SENHOR, lembra-te de mim! Ó Deus, eu te suplico, dá-me forças, mais uma vez'" (Juízes 16.25-28).

Não perca isto de vista: somos Sansão — você e eu, e milhões de guerreiros pelo mundo. Não importa quantas vezes tenhamos falhado, não precisamos de mais mil chances. Só precisamos de uma. "Ó Deus, eu te suplico, dá-me forças, mais uma vez."

A força de Sansão nunca esteve no cabelo. O cabelo dele não tinha nenhum tipo de poder mágico. Sansão disse a Dalila que, se lhe cortassem o cabelo, a força o deixaria. Mas sua força vinha de Deus, não do cabelo. Sansão, ao que parece, não compreendia essa distinção: o cabelo não era a fonte de sua força; o cabelo era só o símbolo daquele a quem ele pertencia, do Deus a quem ele havia feito o voto de nazireu. Quando Sansão perdeu os cabelos, perdeu a identidade como ungido de Deus.

Quando Sansão finalmente se lembrou daquele a quem pertencia e desistiu da autossuficiência, avançou um nível na vida espiritual. Sansão sempre fazia tudo por si mesmo: as mulheres, as façanhas de força, a zombaria em relação aos inimigos. Contudo, do mesmo modo que já fizera depois de uma vitória, decidiu reconhecer a Deus, não a ele mesmo, como o herói. "Meu Deus é a personagem principal dessa história. Vou usar tudo o que tenho e tudo o que sou para honrá-lo. Só mais uma vez."

Na condição humilhante de Sansão, ninguém o via como ameaça. E é exatamente por isso que ele era uma ameaça. Ninguém acreditava que havia algo de bom nele. Mas então Sansão se esvaziou de tudo o que restava de si mesmo e se abriu para um momento a sós com Deus, da maneira que talvez você queira fazer também.

Talvez ninguém pense que você consiga fazer alguma diferença, mas eles não têm ideia do que Deus está fazendo em você neste momento. Alguns não acreditam que possa restar algum tipo de energia em você, mas também não conseguem enxergar a força espiritual que Deus está instilando em você. Outros pensam que você ficará à mercê das suas fraquezas, mas não sabem que a força de Cristo está viva no meio dos seus erros. Você pode estar mal. Mas não está fora. Você é guerreiro do Senhor.

Como Sansão, você pode orar: "Só mais uma vez, Deus. Por favor, dá-me a tua força, e usarei o restante da vida para erguer tudo o que me tens dado para a tua glória, o teu reino e o teu nome. Por favor, preciso de mais uma chance".

Mesmo nos nossos fracassos, Deus pode cumprir seu propósito. Ele realmente é *bom* nisso.

Você se lembra do propósito de Deus para a vida de Sansão? "Ele iniciará a libertação de Israel das mãos dos filisteus" (Juízes 13.5b). Agora vejamos o que acontece em Juízes 16.29,30: "Então Sansão forçou as duas colunas centrais sobre as quais o templo se firmava. Apoiando-se nelas, tendo a mão direita numa coluna e a esquerda na outra, disse: 'Que eu morra com os filisteus!' Em seguida, ele as empurrou com toda a força, e o templo desabou sobre os líderes e sobre todo o povo que ali estava. Assim, na sua morte, Sansão matou mais homens do que em toda a sua vida".

Eram os *líderes* filisteus — 3 mil deles. Todos mortos num só dia. Os filisteus que Sansão matou por causa das vestes eram homens comuns da cidade. Os mil que ele matou com a queixada de jumento eram soldados que estava à sua procura. Mas esses 3 mil eram líderes da nação inimiga que vinha oprimindo seu povo por quarenta anos. Com um único empurrão final, ele cumpriu seu propósito: iniciar "a libertação de Israel das mãos dos filisteus".

Portanto, não importa o que você tenha feito, Deus ainda não desistiu de você. Peça-lhe só mais uma chance. E Deus pode fazer mais por seu intermédio no próximo capítulo da sua vida do que em todos os anteriores juntos.

5.6
Conversa sobre colunas

Mesmo no meio dos seus fracassos, Deus ainda pode usar você. Não importa quantas vezes você tenha metido os pés pelas mãos, se você não está morto, não está fora do jogo. Há mais dentro de você.

Mas, Craig, você não sabe tudo o que eu já aprontei. Cometi muitos erros. Isso só aumenta o tamanho da redenção na sua história. Imagine-se livre, começando alguma conversa do tipo:

— Por anos fui mentiroso compulsivo, mas então Deus...
— Por anos fui dependente de drogas, mas então Deus...
— Por anos fui viciado em pornografia, mas então Deus...
— Por anos administrei mal o dinheiro, mas então Deus...
— Por anos não conduzi a minha família a lugar nenhum, mas então Deus...

Compreenda isto: a sua vitória dá esperança a outros homens. Faz que vejam como a vida deles poderia ser. Faz nascer uma esperança de que eles também podem escapar da escuridão em que estão presos para entrar na luz do Senhor. Se Sansão conseguiu, você também pode. E, se você pode, outros também podem. O melhor de tudo é que você pode começar a compartilhar como Deus fez que tudo acontecesse na sua vida.

Você não está acabado para Deus. Também não está acabado para si mesmo. Você não está precisando derrubar algumas colunas na sua vida? Colunas que sustentam coisas que o estão controlando, oprimindo, atormentando? Quais são? Dê um nome para cada coluna. Uma delas é o orgulho? Confesse a sua fraqueza: "Preciso de ajuda. Estou sozinho. Tenho medo. Sinto que sou um fracasso. Estou fazendo coisas que não queria fazer, mas não sei como parar. Estou viciado. Tenho sido mentiroso. Não sou o que as pessoas acham que eu sou". Derrube essa coluna do orgulho.

Uma de suas colunas é a raiva? Reconheça a sua condição: "Tenho raiva de todo o mundo. Mas também tenho raiva de mim. Por que a minha vida não pode ser do jeito que eu quero que seja?" Derrube essa coluna da raiva.

Uma das suas colunas são os desejos lascivos? Expresse a sua vulnerabilidade: "Simplesmente não consigo parar. Não quero olhar, mas olho. Queria me livrar disso, mas parece que não consigo escapar dos impulsos que tomam conta de mim". Derrube essa coluna dos desejos lascivos.

E não basta pensar no que são as suas colunas. Aja. Você precisa alistá-las. Deixe-me explicar por quê. Certa noite, fui à quitanda comprar frutas congeladas para fazer suco. Por ser uma tarefa tão simples, não me preocupei em fazer uma lista. Quando voltei para casa uma hora depois, com comida equivalente a uns 400 reais, não havia nenhuma fruta congelada. Por quê? Porque sou homem, e os homens precisam escrever listas para garantir que as coisas sejam feitas.

Agora pegue uma folha de papel e um lápis ou caneta para escrever. Organize suas colunas. Deixe algum espaço entre elas para escrever como derrubá-las. Não complique demais. Que seja simples.

Se você quer resultados diferentes, precisa *fazer* algo diferente. É aqui que a borracha entra na história. Ligue para pedir conselhos. Inscreva-se no grupo de reabilitação. Confesse para homens santos da sua convivência — e para a sua esposa. Confesse para o seu grupo pequeno. Se você não tem um grupo pequeno, arranje um. Obtenha ajuda para lidar com o seu dinheiro. Procure um consultor financeiro. Encontre um mentor cuja carreira você admire.

Pare de faltar ao culto sempre que há uma desculpa, como ficar acordado até tarde na noite anterior, ou ter um jogo marcado, ou querer ir ao lago, ou qualquer outro motivo que você seja capaz de inventar. Pare de ser um impostor. Entregue o seu coração sinceramente a Cristo. Pare de apenas ir à igreja e consumir. Você e a sua família precisam se envolver. Faça diferença. Sirva. Dê o dízimo. Oferte. Ore. Envolva-se na vida da igreja. Cresça espiritualmente.

Pare de fingir. Faça algo diferente. Aja.

Pare de reclamar que o seu casamento é ruim. Comece a amar o seu caminho para um casamento maravilhoso. Abra caminho para um casamento centrado em Deus com a esposa que você já tem. Todos os dias, recorde todos os motivos pelos quais você se apaixonou por ela no início. Comece olhando realmente para ela de novo e percebendo como é maravilhosa. Em seguida, diga isso a ela. Vá atrás dela de novo, como você fazia quando se conheceram.

Não passe mais nem um dia sem investir tempo com os seus filhos. Assuma o controle de si mesmo e da ideia de quanto dinheiro você acha que precisa ganhar. Pare de gastar tanto e redimensione o seu estilo de vida. Brinque com os seus filhos. Conte histórias para eles. Ande de bicicleta com eles. Saia com eles. Leia livros para eles e não pule páginas. Ouça-os. Ria com eles. Ore com eles toda noite antes de dormirem e toda manhã antes de irem para a escola — e sempre que você quiser. Isso não espera. Num piscar de olhos, eles vão embora, e você terá perdido a oportunidade.

Se você não é casado, mas quer se casar, vá a um barbeiro de verdade que lhe faça um corte realmente bom. Venda o seu console de *vídeo game* e use o tempo que gastaria com ele fazendo coisas que o tornem digno do tempo de alguma moça fiel a Deus: estudando a Palavra de Deus, aprendendo a ser um homem de Deus, entrando em forma em termos espirituais. Entre num grupo de homens que lhe cobrem os padrões bíblicos de moralidade, pessoas que ajudem a moldá-lo para ser a versão masculina da mulher de Deus com que você sempre sonhou. Tome banho regularmente. Escove os dentes. Use enxaguantes bucais e produtos para o cabelo. Saia de casa e converse de verdade com as pessoas. Mexa-se. Quando tiver um encontro com uma moça, ore com ela. Abra a porta para ela. Escreva bilhetes. E mantenha as mãos longe do corpo dela até sair junto com ela do altar.

Não se conforme com o remorso. Se identificar uma coluna, não inscreva as suas iniciais nela. Derrube-a. Em seguida, dê as costas e afaste-se dos escombros. Dê as costas para o pecado e volte-se para Deus. Faça algo diferente daquilo que você vem fazendo. Você tem um chamado na vida. Encontre-o. Então dê tudo para cumpri-lo. "Ainda que o justo caia sete vezes, tornará a erguer-se" (Provérbios 24.16).

Agora é hora de parar de ficar brincando com Deus. Pare de fingir que você é cristão, mentindo para si mesmo, dizendo que um dia buscará a Deus de verdade. Hoje é o dia. É hora de clamar por Jesus. Peça que ele o salve. Confie toda a vida a ele. Ele está presente. Ele está aqui. Ele está esperando. Entregue a sua vida a ele. Faça isso agora.

Se você é cristão, tem dentro de si o poder da ressurreição. Não desista. Não tente apenas "ser um homem mais forte". Satanás ama tornar fracos os fortes. Deus ama tornar fortes os fracos. Não tente apenas "ser um homem melhor". Seja um homem de Deus. Pare de tentar contar a sua própria história. Comece a contar a história dele. O negócio não é seu. É dele. Coloque abaixo essas colunas. Morra para si mesmo a fim de poder viver para ele.

5.7
A oração do guerreiro

O que Sansão fez no final foi certo, mas também fácil. O que ele fez foi dramático, mas fácil. Você leu corretamente. Creio que é mesmo fácil para um homem entregar a própria vida. Cada um de nós tem dentro de si um herói disposto a isso.

Você não acredita? Imagine a seguinte cena: um marginal invade a sua casa no meio da noite e põe em risco alguém que você ama. O que você faz? Foge pela janela? Não! Você sai da cama de cueca, pega o abajur ou qualquer coisa à mão e bate na cabeça do invasor até estourar. Você vai deter aquele desgraçado, ou vai morrer tentando. Você não hesitaria. Daria a vida por quem ama.

Dar a vida uma vez é fácil. Sabe o que é difícil? Dar a vida todos os dias. Paulo disse: "Todos os dias enfrento a morte" (1Coríntios 15.31). Homens de verdade dão a vida *todos os dias*. O mundo ainda está para ver o que Deus fará por meio de um homem cujo coração seja totalmente rendido a ele.

Sei que você pode se achar desclassificado para essa oportunidade. Conheço esse sentimento.

Você não acha que Satanás não me fala isso o tempo todo? "Quem você pensa que é, chamando-se pastor com o seu ego inflado? Você saiu correndo atrás de adolescentes só porque eles lhe deram uma banana. E com as crianças no carro. Você conta piadas impróprias como se fosse um pré-adolescente — *no seu livro cristão sobre Sansão*. Você enviou uma mensagem suja para o grupo de estudo bíblico da sua mulher; haja paciência".

O remorso rola em lamentações, como um porco chafurda na lama.

"Eu não devia ter feito..."
"Eu não fiz..."
"Eu queria ter feito..."

Mas isso não muda nada. Não é isso que o você vai fazer. Nunca mais. Mesmo depois de tudo o que você fez — por mais terrível, assustador, secreto ou ofensivo que seja —, o seu Pai quer perdoá-lo. Ele ama você. Ele o criou para que você tivesse um coração guerreiro como o dele. Se você pensa seriamente em lutar o bom combate, então precisa depender dele.

Você tem coragem de fazer a seguinte oração comigo?

Deus, sinto muito. Venho vivendo do meu jeito. Fiz tudo sozinho. Estou tentando ser o herói da minha própria história. Tenho desperdiçado os dons que tu me deste. Mesmo quando usei os teus dons, tentei usá-los para fins egoístas. Isso foi opção minha, falta minha. Aceito a responsabilidade por tudo o que tenho feito.

E me arrependo, Deus. Por favor, perdoa-me. Tu me prometeste na tua Palavra que, se eu confessasse os meus pecados, tu serias fiel e justo e me perdoarias os pecados e me purificarias da minha injustiça. Ajuda-me, Deus. Mostra-me todas as colunas da minha vida, as coisas que me impedem de ser um homem de Deus. Depois, por favor, dá-me forças para derrubá-las.

A minha vida já não é minha. Rendo o meu coração a ti, Senhor. Quero ser teu, contar a tua história. Tua Palavra diz que me adotaste como filho. Obrigado porque não sou o que fiz, mas quem tu dizes que sou. Por favor, faz que a minha vida mostre aos outros que sou teu.

Pai, ensina-me a viver de um jeito que te agrade, que te traga a glória que só tu mereces. Mostra-me como ser o homem que desejavas desde quando me criaste. Sou teu. Mostra a este mundo o que podes fazer por meu intermédio. Estou aqui, Senhor. Envia-me. Usa a minha vida como quiseres. Mostra-me as batalhas em que devo lutar. Sou teu. Agradeço por todas as oportunidades em que tu me usarás para cumprir os teus propósitos neste mundo. Agradeço por fazeres de mim um guerreiro. Em nome de Jesus, amém.

Se fizer essa oração a sério, prometo a você que aquele ato de fé que encerrou a vida de Sansão pode se tornar, mediante Cristo, o início da sua nova vida.

Você não precisa chegar ao fundo do poço para derrubar as colunas do orgulho, da cobiça e da arrogância. Você não precisa fingir ser mais forte do que é. Só precisa ser conforme Deus planejou que fosse. Seu filho amado.

Seu guerreiro.

Esta obra foi composta em *Times*
e impressa por Imprensa da Fé sobre papel
Offset 70 g/m2 para Editora Vida.